ひとりで生きていく

芸人兼ソロキャンプYouTuber
ヒロシ

はじめに

最近、自己紹介をどうしていいか、とても迷う。

昔からファンでいてくれる方からは、「ヒロシです。」のネタで有名になった「芸人」活動を細々としている人として知られているだろう。

一方、名前は知っていたものの（知りませんでした、とはいわせない）、たいして興味もなかったというその他大勢の方々がこの本を手に取ってくださったのであれば、昨今の「ソロキャンプＹｏｕＴｕｂｅｒ」の活動を見てくれたのかもしれない。僕は、現在、「ヒロシちゃんねる」というＹｏｕＴｕｂｅのチャンネルで、ひとりキャンプする様子を動画配信する活動も行なっているのだ。

「ヒロシちゃんねる」は、僕が撮ったキャンプ動画を流す地味な番組だが、チャンネル登録者数は動画配信を始めてから4年半年で50・6万人（２０１９年10月3日現在）まで増えた。登録者数や視聴者数を一気に増やすような奇を衒《てら》った方法は使っていないので、コツコツ積み木のように積み上げてきた感じだ。おかげさまで、その世界からはキャンプ専門家として呼んでいただける機会も増え、僕はソロキャンプという小さな世界で成功することができた。

しかし、僕が「成功」という言葉を使うと違和感を覚える読者がたくさんいるだろう。何よりも僕自身がいちばんしっくり来ない。なぜならば、僕は「成功者」像とかけ離れているからだ。

1995年、23歳でお笑いの道に入り、アップダウン、紆余曲折《うよきょくせつ》を経て今に至るが、気がつけば47歳。中年男として、人生の折り返し地点を曲がった。

そんな僕だが、結婚もしていなければ、彼女もいない。親友はおろか、友達として付き合っている人もいない。また、所属している芸能プロダクションも、僕が個人で作った小さな会社で、吹けば飛ぶような存在である。

つまり、僕は**「ひとりぼっち」**なのだ。

ひとりで生きるのがつらい世の中

テレビ局で芸人が何人か呼ばれると、大部屋に通されることがある。芸人同士が楽しそうな会話をしているが、僕は以前は、その場をどうやり過ごしていいか、わからなかった。だから畳のへりのほつれをいじくりながら、黙って視線を動かさず、空《くう》を見つめていた。

僕もわかっていた。皆と仲良くしたほうがいい。そのほうがラクであるだろうし、仕事も幾ばくか増えるかもしれないということを。「なんでこんなに人と仲良くなれないのだろう」。そう悩んだ時期もあった。

ひとりで生きる人は何かと生きづらいだろうということは、日々感じている。たとえば、親戚や同世代の人からは「いい年にもなってひとりのままで」といった有言・無言の圧力をひしひし感じることがある。また、「生涯未婚率が上昇でヤバい！」とか「未婚男性はこじらせ気味？」などといったデリカシーのないニュースや記事をテレビやネットで見ると、ついつい黙りこくってしまう。

ひとりで生きるのは罪でもなんでもない。堂々としていていいわけなのだが、そう思っている矢先に、悍《おぞ》ましいテロのような事件が起きたというニュースが流れ、その後、犯人が中年の独身男性であることが報じられたりする。胸がギュッと締め付けられ、同じ中年の独り身として、なんともいえない気持ちを抱える。

生き方には一発逆転はない

今回、「ひとりで生きる」ということをテーマに本を書いてみないか、と提案された際、そういった社会情勢含め、いろいろと思いを巡らせた。

僕は2018年12月に『働き方1・9』（講談社）という本を出した。おかげさまで、本は話題となり、僕のファン以外の方を含む多くの読者が手に取ってくれることとなった。

あの本で僕が書いたことは、一言でいえば、「これからどうやってビジネスにおいて一発逆転をする手を打っていけばいいのか？」ということだ。

芸人としての僕はバラエティ番組をドロップアウトしたときに詰んでいた状況ともいえた。もがき苦しんで試行錯誤した結果、ソロキャンプYouTuberとしてブレイクし、第二の人生を歩み出すことができた。前掲書では、どういった考えや行動でそれを導き出していったのか、再度、つぶさに観察していき、極力論理的にわかりやすく、1冊の本にまとめていったつもりだ。

一方、今回の本はそもそも前提が異なる。というのも、今回の本では、「モテない中年男・ヒロシが若手注目女優と見事にゴールインした方法」が書かれているわけでも、「冴えない中年男・ヒロシが、俗世間との関わりを絶って出家して悟ったこと」が書かれているわけでもない。僕は、そこらへんの中年独身男性と同様に俗世間に生きている。女優といちゃいちゃして、いい思いをしている俳優や実業家などを、僻《ひが》んだり妬《ねた》んだりしながら生きているのだ。

つまり、**本書はひとりで生きるということから脱出できる術《すべ》が書かれているわけではない**。ビジネスと違って、生き方に一発逆転はないのである。

50歳中年独身男の等身大の言葉

一方、今回のテーマで本を出すことに対して、僕に少しばかりのアドバンテージがあるのは、僕が、人間関係こそもっとも面倒くさいものだ、と昔から感じていたということだ。だから、結婚することにメリットを感じない。親友がほしいとも思わない。さらに、ひとりで生きるとなると老後に不安を覚えた時期もあったが、それもソロキャンプと出会えたことで、解決に向かっていった。

そんな僕が、「ひとりで生きるとは？」と問われたら、こう答えるだろう。


「ひとりで生きる。それは旅をするように日々生きるということ」


こういうとカッコよく聞こえるかもしれないが、先にいうが、本書は、人との関係をすべて断ち切っていくといった勇ましいことが書かれているわけではない。それに、作家が書くような、ひとりで生きるということは極上である、といった夢見心地のことばかりが並べられているわけでもない。なんといっても僕は単なる「ヒロシです。」。誰もそんなことを僕に期待していないだろうし……。

しかし、50歳を前にして、中年独身男の等身大の姿と言葉を恥ずかしげもなく晒《さら》し、本心を記したつもりだ。そして、この本を手に取ってくれた読者に、僕なりのヒントを手渡すことができればと、愛情を持って書いたつもりだ。ひとりで生きることに悩んでいる人が読んでくれたら、何かしら得られるものがあるのではないかと思っている。

では、どうぞ、気軽に頁《ページ》をめくってください。

ひとりで生きていく

ヒロシ

第3章 ひとりで死ぬためのお金の話……107

[　第1章　]

人間関係は流動的なものと考える

01

昨日は友でも今日は他人

同級生が僕と話してくれるときの条件

昨日は友でも今日は他人。のっけから、こういうと、読者をげんなりとさせるかもしれない。でも、げんなりするかしないかは置いておいて、人間関係というのは、こういうものではないだろうか。

僕はこのことを小学生のときに理解した。小学校時代の僕は、今と同様、ひとりでいることの多い子どもだった。それでも同級生とまったく交流がなかったわけではない。登下校時や休み時間に、話をする友人が何人かはいた。

ただし、**彼らが僕と話をするのは、僕と2人っきりのときだけだった。**

小学校高学年になると、その傾向は顕著になった。日頃、2人っきりなら僕と話す同級生も、グループでいるときは違った。炭鉱住宅街で向こうからグループで歩いてくる際、ひとりでいる僕とすれ違うと、その中にいる友人が知らんぷりしてくることが多くなっていったのだ。

なぜ友人がそんな態度で接してくるのか。小学生の僕でも、その理由はわかっていた。

たとえば、足の速い子やドッジボールが強い子はクラスの中で一目置かれる。すると、「こいつと一緒にいたら、自分もカッコよく見られる」みたいなポジションにつくことができる。こうして、一流のイケてるグループが知らず知らずのうちに作られていた。

反対に、運動音痴な子や休み時間にひとりで絵を描いているような子は「こいつと一緒にいたら、自分も三流に見られる」みたいなポジションを勝手に充《あ》てがわれる。こういう子と友達と思われるのは、その後の学校生活を送るうえで子どもにとっても危険があるのだ。

そして、かくいう僕は、まさに「こいつと一緒にいたら、三流に見られる」子どもだった。

01

町中で友人グループと出会ったら

友人と思っていた人が、状況次第で友人でなくなる。これは小学生の自分にとっては、衝撃的な経験だった。友達が集団でいるときでも、町ですれ違ったら、「おお、齊藤何しているの?」「別に何も」「なら俺ら今から公園に行くんだけど、一緒に行く?」となって、僕も遊びに加われる。そんな淡い期待を抱いていた。しかし、実際にはそうならなかった。声をかけてもらったとしても、「おお、何しているの?」「別に何も」「……そっか。じゃあな」だったし、声をかけられないことも多かった。

そんなことが続き、僕は2人っきりだと親しく話すことのある相手でも、その人が誰かといるときには関わらないようになった。町の中で友人と会っても誰かと一緒にいたり集団でいたりすれば、とっさに物陰に隠れるようになった。出会った際、無言の総意で僕が仲間から外される。こんな経験をさせられるのは、ごめんだった。あの感じは、とても恥ずかしく、とても惨《みじ》めなものだった。

結果、僕はそんな友人関係がたまらなく理不尽に思えて、ひとりでいることが多くなっていったわけだ。

01

友人関係は絶対的なものではない

しかし、振り返ってみれば、僕が隠れたりまでして傷つきたくなかったのは、僕のどこかに一流のイケてるグループに入りたい気持ちがあったのかもしれないし、彼らに友人として多くを求め過ぎていたのかもしれない。

個人同士なら比較的仲良く話す間柄であっても、集団でいるときは途端に態度を変える。このようなことは大人になっても度々あった。しかも、これは会社員同士や主婦の方々にもあるようなのだ。

しかし、その度にいちいち傷ついていてしまっていては、心も体ももたないだろう。**そもそも友人関係が絶対的なものだと考えること自体が間違っている**のだ。

今日、いくら親しくしていても、明日どうなるかなんてわからない。僕は人間関係の全般をこう考えるようになった。そして、そう覚悟を持てば、日頃話をしている人がいきなり冷たい態度を取ったときに傷つくこともないし、まして隠れたりする必要もない。

POINT

人間関係に絶対的なものはない

02

強くつながった人間関係を信じることは危険

結婚するメリットを感じない理由

僕は50歳近くになるけれど、いまだ独身だ。というか、一生独身だと思う。こういうと、結婚という幸せを掴《つか》めないでいる不幸な男の遠吠えだと思う人もいるかもしれないけれど、「はじめに」でも書いた通り、僕はそもそも結婚することにメリットを感じないのだ。それに、僕と同じ世代の夫婦でも、熟年離婚する人は増えている。**つまり、「結婚して幸せな家庭を築く」ということを、少し安易に想像し過ぎなのではないかと思う。**現実には、夕飯を食べるときに連れ合いが愚痴《ぐち》ばかり吐いてきてうんざりするという人も少なくないだろう。幸せな家庭を築くというのはとても難しいことであり、誰もができることではない。

子どもができて楽しい人生というのもわかる。でも子どもだって他人であるのだから、自分の思うように育つわけではない。家に帰っても息子が「お帰り」とさえいってくれないかもしれない。それに、僕に子どもが生まれても、遺伝子的にも、また育つ環境的にもろくな人間に育たないだろう。僕はすごく癖があるからそれも引き継ぐと思う。さらに、「過去にテレビに出ていた人の子」とか周りにいじめられる環境だったら、確実にグレるだろう。

そういった**自分の責任以上のことを引き受けて生きるよりも、僕はひとりで生きて幸せになる道を選びたい。**

02

幸せになるうえで結婚が邪魔をすることもある

男女が恋人同士になるということは、つまり人間関係を固定しようとする行為だ。そして、その最たるものが結婚である。結婚式で神父が「病めるときも、すこやかなるときも、富めるときも、貧しきときも、愛し、敬《うやま》い、慈《いつく》しむことを誓いますか？」というのは、これからキスをするカップルの気持ちを高ぶらせるためではない。「お前ら、本当に誓えるのかい？」と2人に約束を迫っているわけだ。

誓い合ったのであれば、やはり守らなければならないだろう。しかし、浮気する人も離婚する人も、後を絶たない。ただ、そうやって**浮気したり離婚したりするほうが、むしろ人間関係の形を表している**のではないかと思う。

僕はそもそも、一生涯、人間関係を固定することが現実的ではないと思っている。だから、結婚に心が動かないのだ。もし愛し合う人が現れれば愛し合うし、一緒にいたければ一緒にいる。でも、やはり結婚という形にこだわることとは違うと思う。

それに結婚してしまうと、理不尽なことで怒ったり怒られたりせざるを得なくなる。たとえば、自分の妻の目の前に、カッコよくてお金もあって性格もいいうえに趣味まで一緒の相手が現れたとする。それで、妻が「なんて素敵な方なの！」と恋に落ちて、僕に向かって「離婚しましょう。私はあの人と一緒になります！」といわれたら、きっと僕は「ふざけるな！」と怒るだろう。でも、妻の幸せを思えば、間違いなく僕と別れて、その人と一緒になったほうがいいのだ。しかし、結婚していると、「お前は俺のものなのに！」とか「結婚しているのにおかしいわ！」と思ってしまう。

こうなると、幸せになるうえで結婚が必要ではないだけでなく、むしろ幸せになるうえで結婚が邪魔をしてしまうかもしれないことになる。

02

きれいな女優さんから告られたら、即結婚する

友人関係同様に、男女関係も無理に固定関係を築こうとはせず、初めからそのときそのときで変わってしまうもの、川のように流れていくものだと捉《とら》えればいい。そうすれば、別れることがあっても、全然惨めじゃないと思えるし、結婚していないことを不幸せだと感じる必要もない。

裏を返せば、僕は絶対に結婚しないと思っているわけではない。たとえば、蒼井優さんのようなきれいな女優さんに求婚されたら、即結婚する。でも、それは遠くない未来に僕が振られるだろうというのが前提だ。それでも、一瞬でも、あんな女優さんと乳繰り合って、ハッピーになれればいい。それだけで儲けものだ。そう考えて結婚すれば、離婚したとしても悲しみにくれることはない。しかも、そんな女優さんと付き合ったら、「あの大女優の元旦那」とハクがついて、また素敵な女性に目をつけてもらえるかもしれないし、仕事も入るかもしれない!

人間関係は流れていくもの。ひとりで生きるうえで僕はそう考えている。

POINT

人間関係は固定的なものではなく流れていくもの

03

二度と会うことのない人でも丁寧に接する

「旅の恥は掻き捨て」はよくない

日本には「旅の恥は掻《か》き捨て」という言葉がある。旅先では知り合いがいるわけでもないし、長く滞在するわけでもないから、普段なら絶対やらないような無神経な行動を取れるということだ。

僕が「人間関係に絶対的なものはない」「人間関係は固定的なものではなく流れていくもの」というと、この「旅の恥は掻き捨て」のように、人をぞんざいに扱うことだと勘違いする人がいる。

むしろ**逆**なのだ。

たしかに人間関係のしがらみを断って生きるのは、日頃からひとり旅をするように生きるということだ。しかし、**ひとりで旅するように生きるからこそ、出会う人には丁寧に接していくべきだ**と思う。

集団旅行客の中に、酔っぱらって現地の人に暴言を吐いたり恥ずかしいことをしたりしている人を見かける。一方、ひとり旅をする人はそういうことをしない。

03

ひとりで旅する人は旅先で出会う人たちと上手に付き合う必要があるから、自ずと丁寧な物腰になる。ひとり者は、このような人付き合いを心がけたい。

これまで仕事において、「旅の恥は掻き捨て」を平然と行なう企画にいくつか出会ってきた。たとえば、昔、ある仕事で、駅のホームで声をかけた人に勤め先に電話をかけて急遽《きゅうきょ》休みを取ってもらい、やりたいと思っていたことをやってもらう、という企画があった。めちゃくちゃ失礼な企画ではないだろうか。会社に勤めている人は、そうかんたんに休めるわけではないのに、僕が無理に休ませる。たかがバラエティ番組の1コーナーのために、もしかしたらその人は会社にいづらくなったりして、人生を棒にふってしまうかもしれない。これは「旅の恥は掻き捨て」的に人との関係を考えているわけで、**全然愛がない**。

他にも僕が昔にお世話になったお店を再び訪れる番組では、食事を頼み、食べる様子を撮らせてもらったのに、番組スタッフが食事の料金をお店に支払ってなかったことがあった。それを僕は後日に知ったのだが、とんでもなく失礼で図々しい話だ。こういう人との接し方はよくない。

誰とでもフェアに接する

丁寧に人と接するとは、相手の機嫌を取ったり、お世辞をいったりすることではない。**ぞんざいな態度を取らずに、誰とでもフェアに接することだ。**

先輩には平身低頭で接するのに、後輩に対しては威張り散らす人がいるが、僕は年下であろうと、丁寧な言葉で話す。テレビの仕事をするときも、プロデューサーにもアシスタントディレクターにも同じような言葉遣いで接している。

他にも、大企業の部長さんだろうと、個人事業主の方だろうと、無職の人だろうと、態度を変えない。海外旅行をするときも、アジアだとだらしなくしているのに、西洋だとシュッとした紳士的な態度を取るような人がいるが、僕はケースバイケースで態度を使い分けることはない。誰に対してもフェアで、丁寧に接することを心がけている（ただ明らかに失礼な態度をしてきた人にはぶっきらぼうに接するが）。

「一期一会《いちごいちえ》」という言葉があるが、どんな人でも誠意を持って接したい。

03

ひとり旅でコミュニケーションの仕方を直していこう

「自分は相手によって話し方を使い分けてしまう」あるいは「誰に対してもぶっきらぼうな応対になりがち」という人もいるだろう。そんな人には、ひとり旅をすることを勧める。実際に旅をして、知らない道をスマホを使わず現地の人に尋ねてみる。間違いなく丁寧に接するはずで、コミュニケーションの仕方を直していくうえで有効な方法だと思う。

普段生活している場所だと、どうしても人間関係のしがらみがあって、人との接し方を抜本的に変えることはなかなか難しい。いきなり丁寧に接することを恥ずかしいと思う人もいるだろう。その点、初対面だと気にせずに丁寧に接することができる。

海外旅行もいいし、そんな遠くまで行かなくても、自分の知らない人しかいないところを訪れてみればいい。人によっては、隣駅だって構わないはずだ。そして新しい地でゼロから人と丁寧に接してみよう。

POINT

ひとり旅で出会う人のようにすべての人と接する

04

できないならば中途半端に群れない

芸能界の派閥やグループに入れなかった僕

先にも書いたが、僕は小学校時代に同級生のイケてるグループに入れなかったが、その後もずっと集団で群れることはできなかった。

若い頃、テレビに出る前に、僕はギャルが好きだったことがあった。そんな女の子とお近づきになるには、同じく黒い肌にして、ギャル男といわれる人たちとつるむほうがいい。僕も見てくれだけは、そのようにしたことがあった。日焼けサロンで肌を焼き、恥ずかしい蛍光色の半ズボンを穿《は》き、ゴローズという高級ブランドをパクった偽物のアクセサリーをつけ、古い西部劇でしか見たことがないウエスタンハットの安物をかぶった。それで運よくナンパに成功したこともあったが、ギャル男の人たちとつるむことはやっぱりできなかった。

芸人の世界でいえば、面白い人たちの中に入れば自分も面白い人に見えたりもするが、僕は芸能界の派閥やグループに入れなかった。どの世界も同じで、仕事ができる人と一緒にいれば仕事ができると思われる。有名な経営者とお近づきになろうと、おべっかを使ってすり寄る人はたくさんいる。
　僕はこのように**人のふんどしで相撲を取る人になりたくない**。その都度その都度、利益をもたらしてくれそうな人のところにすり寄って、その人が利益をもたらさないとわかると、とたんに去っていくような人のことだ。

04

寄生しない生き方

　こんな僕にも、そんな経験があった。僕がテレビで売れたとき、すごくたくさんの人が寄ってきた。僕の性格は昔から全然変わっていないのに、そのときだけたくさんの人が寄ってきた。僕と仲良くすると利益があるという匂いを感じたからだろう。僕と仲良くしても利益なんかない。だから、利益がないとわかったら、一気に離れていった。あまりこういう言い方はしたくないが、そういう生き方は、**品がない**と思う。
　たしかに、有名人と知り合いになると周りからも一目置かれる。そうしたほうがビジネス上はいいのだが、僕はそれができない。成功者にすり寄るのは、**浅ま**

しいと思ってしまうからだ。

僕は自分のこの性格が得をするとは思っていない。損をしたことはたくさんある。自分が「一発屋」で終わってしまったのは実力が9割だが、1割くらいはこういうところ含め性格が関係したかもしれない。

集団に比べると、ひとりというのは力がない。だから、ついつい強い者を宿主に選んだり大きな集団に属したりしようと、寄生してしまうような生き方をしがちだ。これは恋人という関係でもなく親友という関係でもないが、やはり強固な固定関係をその都度築こうとする発想で、僕のようにひとりで生きていきたい、という人とは相容《あいい》れない。

人間関係は絶えず流れていく流動的なものだといったが、こういう風見鶏のような、あちこちで嗅覚を働かせては媚《こび》を売るのはいただけない。なぜならば、そういう生き方は、最終的には神経をすり減らしていくしかないからだ。僕はそれも耐えられない。たとえ弱いままの自分であっても等身大で生きていきたい。

僕のように群れることができずに、ひとりで生きる選択をした者は、誰にも寄生することなく、常に固定させない人間関係の中で生きていくのが大事だ。

04

付き合いが悪いのに嫌われない人

そんな僕が25年ほど前に憧れた先輩がいた。お笑いを始めてすぐのときに、稽古や舞台が終わると、楽屋に残ったり打ち上げに行ったりすることもなく、すぐに帰ってしまう先輩芸人がいたのだ。飲み会や食事会も、常に笑って断っている。僕はその人を見て、すごく羨ましく、カッコいいと思った。僕もこのように生きていきたいと思った。

しかもこの先輩がすごかったのは、さっさと帰ってしまうことが許されるキャラだったことだ。**中途半端に皆と遊ぶこともないため、嫌われてもいなかったのだ。**もし中途半端につるんでしまえば、不幸を招いていただろう。行かなかったときに「あいつ今回はなぜ来ないんだ?」と愚痴られかねない。そんな目に遭うぐらいなら、中途半端に集団に属することは考えずに、ひとりでいる勇気を持ちたいものだ。結果、この先輩のように、そこまで嫌われずに済むかもしれない。

POINT

中途半端につるまなければ嫌われることもない

05

気が合うより共通の話題があることが大切

学生時代の親友と話が合わなくなる理由

気が合う友人というものを僕は重視しない。強くつながる固定した人間関係を求めるなら、気が合うことが大切だと思うかもしれないが、人間関係を流動的なものと考えるなら、気が合うことなんてどうだっていい。

学生時代、僕にはナンパを一緒にする親友がいた。「一緒にお笑いやらないか？」と誘うほどの関係で、「俺と考え方が一緒だ」と感じていた。ところが、僕が芸人を目指して上京した後も、そいつは地元で変わらず、働かないでナンパばかりしていた。学生時代に僕と一緒にやっていたことをずっとやっているだけだった。僕は彼のことを「なんてつまらないやつだ」と思うようになった。

学生時代にはあれほど気が合うと思ったのに、まったくそうは思えなくなる。要は彼とは学生時代にはナンパといった共通の話題があったからつるんでいただけだった。そして、やがて共通の話題がなくなったから、心が離れていっただけだった。**大切なのは気が合うことよりも、共通の話題があるかどうかだ。**

05

「チャット」の場があればいい

共通の話題があることが大事。思えば小学生の頃もそうだった。同じ学年に幼なじみがいて、わりと小さいときからよく遊んでいたが、それは、趣味が似ていたからだ。僕は外で冒険的に遊ぶことが好きな子どもだったので、一緒に秘密基地を作ったり、家の庭でキャンプをしたり、木の上に登ったりした。彼とはわりとウマが合うと思っていたのだが、これも結局、共通の趣味があったから成立していた関係だった。

一方、当時は全国的にそういう状況だったと思うが、僕の通った小学校では、同年代の子は皆野球が好きだとされていた。高学年になると木に登ったりキャンプをしたりといった遊びをする子どもはいなかった。男の子=野球という時代だったのだ。

なお、共通の話題を語り合う際、仲のいい友達である必要はない。昔、インターネットに**「チャット」**という機能があった。インターネット上の部屋の中に入って、そこで好きなことを語り合い、飽きたり時間になったりすれば去っていくという、**ゆるい関係を作るサービス**だった。固定したハンドルネームを使っている人はいたが、相手は顔が見えないわけで、性格が悪いかもしれないし、多少そりが合わないかもしれない。それでも、好きな話題や共通の興味であれば、時間を忘れて、楽しく話せた。いつの間にかサービスは衰退してしまったが、ああいう場があればいい。

たとえば、好きなグッズが売っているお店の店員やそこの常連客、誰でも参加できる青空将棋の顔見知りのような人たちもそういうゆるいつながりの関係だろう。この人たちとは、そこに通わなくなれば途切れてしまうが、それでもいっこうに構わない。こういう関係こそ築いていきたい。

人見知り同士でも焚火会ができた理由

僕はソロキャンプをする者同士で集う「焚火《たきび》会」に参加している。ここのメンバーは、僕も含め、人見知りするタイプの人ばかりだ。たとえば、お笑いコンビ・

05

バイきんぐの西村瑞樹くんも、ウエストランドの河本太くんも入っているのだが、大部屋の楽屋で隅にいる目立たない人たちで、お互いが楽屋で話すこともない。

そんな連中が焚火会に参加しているのは、**人見知りする性格同士だからではない。これは人見知りする人にしか理解されないのだが、人見知りする性格の人は人見知りする性格の人と必ずしも仲よくなるわけではない。**実際、僕は、人見知りで無駄に話さないようなタイプの人は、どちらかといえば苦手である。

焚火会が成立しているのは、あくまでソロキャンプをやることが好きだという共通の趣味と話題があるからに他ならない。山の中で完全にひとりだと怖くなるし、他人が近くにいると何かとありがたい局面も出てくるという実利もあるが、基本的には先に挙げたチャットで語り合う仲間みたいなゆるい関係だ。

焚火会では各自が勝手にテントや道具を持参してキャンプをやるので、共同作業や分担があるわけではない。参加・不参加も自由だ。ソロキャンプに飽きてきたら、いつのまにかいなくなってもいい。「俺たち親友だよな。ずっと一緒だよな」という関係ではない。このような**ゆるい人間関係があれば、ひとりで生きる僕には十分**なのだ。

POINT

共通の趣味と話題を通じたゆるい人間関係を築いていこう

06

他人に勝手に期待しない

地域の野球チームに参加させられて

小学生の頃、他のクラスメイトの男子は皆野球が好きだったが、僕は野球中継のために好きなお笑い番組が見られなくなるから、野球は嫌いだった。でも、小学生の男子は皆地域の野球チームに入らなくてはいけないという暗黙のルールがあり、僕も入れさせられた。ユニフォームを初めて着たときに写真を撮られたのだが、自分の顔を見るとすごく気持ち悪かった。「なんだ、この写真は？」となった。全然顔が笑っていなかったのだ。

それで練習に行くのだが、僕は問答無用で、余った後ろのほうを守らされた。球が飛んできたら、いわれるままに投げ返すだけ。要は球拾いである。

僕はルールも知らないくらい野球に興味がなかったが、野球の楽しみはボールをバットで打つことだと思っていた。だから、せっかくならバットで打ってみたかったが、いつまでたっても僕の打順は回ってこなかった。監督として引率していた大人が、子どもの参加人数が多かったため「この子は打たせなくていい」と勝手に決めてしまっていたのだ。

06
「誰かが自分のために何かしてくれる」

僕が当時ショックだったのは、そこにいたチームメイトが、「あれ？　齊藤、まだ打っていないじゃん？」と助け舟を出してくれなかったことだ。子どもだから当然だが、みんな自分のことしか考えていない。野球の帰りには一緒に駄菓子屋で10円ゲームをする仲ではあったが、それだけの関係でしかなかった。

今思えば、**当時の僕はチームメイトに期待をし過ぎていた**。他人と仲良くなれず、壁を作ってしまいがちなのに、それでもどこかで彼らが僕のために何かしてくれることを期待していた。だからこそ、あのとき、誰も助け船を出してくれなかったことにショックを受けたのだ。

なんとなくグループの一員として呼ばれるものの、結局、別に誰も自分のことを求めていない。こんなことは、仕事の打ち上げや、同じ部署内の飲み会など、むしろ大人になってからのほうがたくさんある。かつては僕もとりあえず社交辞令で飲み会に参加したが、「誰も俺のこと求めていないでしょ?」と思いながら、どんよりとした時間を過ごした。

若いときは期待を裏切られて落ち込むことも多かった。デートの約束をした女性が全員来なかったり、仕事でも「一発屋扱いしません」といったのに幾度となく一発屋として扱われたり……。その結果、**「あぁ、そうか。人は嘘をつくものなんだ」**ということを学んだ。裏切られたとまでは思わなくても、「話が違うじゃないか」というのがたくさんあった。

でも、そんなことで落ち込むぐらいなら、初めから他人に期待をしないほうがいい。**他人に期待する生き方は他人に絶望する生き方でもある**からだ。

大人は子ども以上に他人に期待する

勝手に期待して、その期待を下回ったことに対して、相手に怒ったり、失望したりする。こういったことも、やはり大人になってからのほうが多い。「こいつこんな生意気になりやがって」と後輩にイライラしたりすることがあるのも、自

06

分がその後輩に期待していたぶん、頭に来ているわけだ。誰かに頼んだ仕事が、全然自分の思うようになっていないことにうんざりするのも、過度な期待をしていたから、怒ってしまうのだ。

つまり、これは**相手の問題ではなく、自分の問題**だ。

自分の老後のお金や世話を考えて、配偶者や子どもに過度な期待をしてしまう人がたくさんいる。「ひとりだと老後が不安だから」と思い、焦って婚活を始める独り身も多いそうだ。でも、僕は仮に結婚して子どもができても、彼らの世話にはなりたくない。老後の面倒を家族に求めるのも勝手な期待に過ぎないからだ。これからの時代を生きる子たちは、金銭的にも厳しいだろう。それに僕の遺伝子を譲り受けた子が、僕を養えるほどの大人に育つのかも疑わしい。

みんな「家族の絆」とかいうが、結局、自分のことが大切なのだ。だったら、初めから家族にだって期待せず、僕はひとりで生きていきたい。誰かが自分のためにに何かをしてくれる。そんな気持ちこそがおこがましい。そう考えれば、誰かに勝手に失望したり絶望したりすることもない。

POINT

他人に期待する生き方は他人に絶望する生き方

CHECK!

- □ 人間関係はすべて、川のように流れていく流動的なものと捉えよう
- □ 人と接するときは、ひとり旅のときに道を聞くような丁寧な姿勢を心がけよう。そしてどんな相手でもフェアに接しよう
- □ 強者や集団に寄生する品のないことはせず、どんな自分でも等身大で生きていこう
- □ 共通の話題があるゆるい人間関係を構築していこう
- □ 他人に勝手に期待して、他人に勝手に絶望するのはやめよう

[第2章]

ひとりで生きられる場所に逃げる

07

置かれた場所で咲くのはしんどい

置かれた場所で咲ける人たち

僕は「ヒロシです。」のネタでブレイクしたが、バラエティ番組の世界から退場した。その後はずっと、「一発屋芸人」として扱われてきた。

テレビから逃げた芸人に対して、「芸人だったらテレビという大舞台で勝負してなんぼだ」という人もいる。たしかに、僕が子どもの頃に憧れたビートたけしさんや志村けんさんは、テレビというメジャー市場の第一線で活躍し続けている。

しかし、第一線にいても活躍する芸人でないと、僕がそうだったように、不本意な扱いを受けやすい。芸人の中にも「ひとつのキャラクターばかり押しつけられてしんどい」とか「制作スタッフからの扱いがひどくてキレそうになる」などと不満をこぼす人はたくさんいる。**「置かれた場所で咲きなさい」といわれても、正直しんどい。**そんなことができるのは好戦的な人だけだ。

それでも、我慢してテレビの世界でふんばる芸人はすごい。テレビに出ているということは、メジャーなお笑い市場で戦うことである。ただ、それができない人は、心や体がボロボロになってまでも、固執すべきではないというのが僕の考えだ。今は、テレビだけではなく、ＹｏｕＴｕｂｅやオンラインサロンで活躍する芸人もいる。僕もソロキャンプのＹｏｕＴｕｂｅチャンネルというテレビほど大きな市場ではないところに逃げ込んだ結果、その分野のＹｏｕＴｕｂｅｒとして注目されたのは、とても運がよかった。

07

芸人も会社員も激戦区

会社員はお気楽という人もいるが、全然お気楽だとは思わない。組織の中で生き抜くことは競争社会をサバイブすることだ。出世する者もいれば、リストラ対象になる者もいる。自分の戦場で自分の思い通りにやれる人もいれば、やれない人もいる。**会社員もテレビで活躍する芸人も、少ない席を奪い合うという意味では、同じ状況**だろう。

しかも、テレビの世界がテレビ局やスポンサー、それに番組制作会社や芸能事務所など、さまざまな組織が入り交じっているように、多くの会社で行なわれている業務にも、利害関係者がたくさんいる。その中で自分を有利な状況に持ち込むのは、とても難しい。お笑いでいえば、ライブのお客さんや視聴者を笑わせればいいだけという話ではない。その他の人間関係が大きく物をいうため、味方がいなければ勝ち抜くのは難しいわけだ。

そのような場で、人付き合いが苦手で、かわいがってくれる先輩も親しく話せる友達もいないまま、戦いを挑もうとすることは間違いだ。

孤独な僕は、「過去の人」として気に入らない役を押しつけようとする番組スタッフの無理難題にひたすら耐え、割り切ってそこに留《とど》まる選択肢もあった。でも、そうかんたんには割り切ることはできなかった。

魑魅魍魎《ちみもうりょう》が跋扈《ばっこ》する激戦区は、僕のように、ひとりで生きることを選択した者にはなかなか厳しい。

戦わない環境に身を移す

ひとりで生きる者は、極力、戦わないで済むイージーな環境に逃げるべきだ。

07

たとえば、イス取りゲームが厳しい会社であれば、そこでの戦いをやめて、別の会社に移ってみる。あるいは仕事に期待することはやめて、アフター5《ファイブ》の活動に人生を捧げるのも手だ。

養う家族がいたらこういうことは難しいが、自分ひとりが食べていければいいのであれば、逃げることはそこまで難しくない。**ひとりでいることのいいところは、なんといっても身軽なことだ。**

アフター5の活動なら、ＴｗｉｔｔｅｒやＹｏｕＴｕｂｅもある。インターネットメディアは、誰でも開設できるわけで、限られた席を争うイス取りゲームをする世界ではない。また、僕は酒が飲めないので無理だが、地元で我が物顔で飲める店を探すのもいいだろう。自宅でも職場でもない場所を「サードプレイス」というらしいが、そういう場所を「私の咲く場所」にしてしまうのだ。

今、僕は、自分ひとりの会社を作り、そこをベースにして、自分がやりたいことをやっている。こんなふうになったのは、ひとりで自由に気持ちよく生きていけたらいいと思ったからだ。これも即断即決できるひとりだからこそできたことだ。逃げ込んだ先で咲くことだって、不可能じゃない。

POINT

逃げ込んだ場所で咲くこともできる

08

モテない人でも環境を変えたらモテる

ひとりでいるのが好きな僕だってモテたら嬉しい

いくらひとりで生きているといっても、当然モテたら嬉しい。かわいいお姉さんから「ヒロシさん好きなんです！」といわれるとすごく嬉しいし、おっさんから「面白かったです！」と認めてもらえるのもけっこう嬉しい。

僕は昔から人一倍モテたかった。田舎の高校時代にバンドを始めたのはモテたい一心からだったし、お笑い芸人を本気で目指したのも、小学生のときにダウンタウンさんの舞台に女性ファンが殺到するのを見て、「芸人になればモテる！」と思ったからだ。

でも、モテるためにジムに行って肉体改造をしたり、高級車や高級ブランドで着飾ったり、出世して高給取りになってやろうと頑張ってみても、うまくいくとは限らない。第一、そんなことをするのはしんどくて、途中でへばってしまう。

僕がまさにそうで、モテたくてお笑い芸人になったものの、結局バラエティ番組の世界ではサバイブできなかった。

08

地方でモテる芸人たち

しかし、モテるためには、そんな苦労を必要としない、もうひとつの方法がある。それは、**今の状態のまま、モテる環境に移ってみる**ことだ。

たとえば、都会にいる人なら、地方に出てみるのもひとつの手だ。

最近、東京で芸人をやっていた人が、地方局でテレビ番組やラジオ番組を持って、そちらを軸にしていくケースをよく目にする。地方で活動することは、以前なら「都落ち」と思われたが、最近ではあの松本人志さんですら福岡で持つ番組を楽しむようになっている。地方に行かなかった人が地方に行き始めている。東京中心でしか物事が考えられていなかったこれまでは、あまり意識されてこなかった可能性が、地方にはあるように思う。

僕も週に1回、静岡でラジオ番組に出演している。本が出るたびにイベントを開いてくれるのも静岡の書店だ。「熊本生まれで、最近テレビにも出てない僕が、静岡でイベントに出ても、誰も来ねーだろ」と思っていたが、そんなことはなくて、100人近くの人がわざわざ足を運んでくれた。

地方で「ヒロシです。」のネタをやって喜んでくれるなら、こっちも楽しいし、やりがいがある。何も都会で活動することだけが生きる道じゃない。

かんたんに承認欲求が満たされる方法

「誰にもモテなくて寂しい」「誰かに認めてもらいたい」。そういう思いが募っているならば、やはり自分を必要としてくれるところに行けばいい。どんなにモテない男性でも、女性しかいない島に行けば、そこでは貴重な男手になるのだから、それなりにモテるはずだ。

たとえば、働き盛りの人口が減って困っている限界集落ならば、僕のような50歳手前の人間だって若手として歓迎してくれるだろう。そこで、なんでも屋さんを開き、電球を換えてあげたり、駅まで車で送ってあげたりすれば、喜ばれるうえにお小遣いまでもらえるかもしれない。仕事の帰り際に「おつかれさま」と、お婆さんからお菓子をいただけるかもしれない。お婆さんが好きであるかは別と

08

して、こんな対応をされれば、自分でも必要とされていると実感できる。

このような可能性を見出せるのは、地方だけではない。身近なところでも、ひとり者のあなたを欲している人たちはいる。

たとえば、地元の消防団に入ってみるのはどうだろうか。消防団は、東京のような都会の街でもなり手が不足しているというニュースを見たことがある。ある自治体だと、1回の出動で3000円くらいもらえて、年に5~6回出動があるようだ。所属すると、月に1~2回の会議もあるようだが、こういう集いが嫌いじゃなければ、自宅で仕事をする自営業者なんかには悪くない選択だと思う。訓練や実際の活動さえしっかりやれば、よこしまな気持ちで始めても構わないはずだ。

同じように、ボランティアに取り組んでみるのもいい。スーパーボランティアとして知られる尾畠春夫さんは、ひとりで被災地に乗り込んで救援活動をしている。大変そうだが、ご高齢ながらとても生き生きした顔をしている。

寂しさをやわらげてくれるのは、何も恋人や親友ばかりではない。ひとり者のあなたを必要としている人は、意外にたくさんいるのだ。

POINT

あなたを必要としている人は意外にたくさんいる

09

必要なのは根拠のない自信

あるブサイクな構成作家の話

僕の知り合いに、ブサイクで100%モテない構成作家がいる。独身で恋人もいない。収入もそんなに多くはない。傍《はた》から見ても、実際にも、彼はモテていないのだが、そんな彼は「自分はイケてるはず」と妙な自信を持っている。前に女性が自分の家に来てくれなかったことを嘆き、「猫を飼ったら女が家に来る」と戦略を立てていた。傍から見たら、猫1匹でどうにかなる代物ではないのだが、あたかも「自分がモテないのはおかしい」と確信しているかのようだった。

なぜ彼がそんなに自信を持っているのかというと、実は彼は人気グループが出演する番組の構成を担当しているのだ。でも、それは本当にモテる武器になるのだろうか。人気グループに関わる仕事をしているのはすごいが、彼本人が人気グループなのではない。つまり、彼が自分をモテると思っているのは、まったく根拠のない自信に過ぎないわけだ。

でも彼を見ていると、恋人がいなくても楽しそうに独身生活を謳歌《おうか》している。

09

彼を見ていて気がついたのは、**根拠のない自信を持つことは大切だ**ということだ。

根拠のない自信は崩れない

「根拠のある自信」と「根拠のない自信」なら、前者のほうが事実に裏打ちされて崩せないように思うかもしれないが、実際は逆だろう。

たとえば、「自分は日本一面白い」と思っている芸人が2人いたとしよう。ひとりは、中野サンプラザ（2000人収容）で行なわれた1日2回のコントを2日間満員にしたことがある芸人だったとしよう。彼は、それを理由に挙げて、日本でいちばん面白いと思っている。

一方、もうひとりは、「自分のこの漫才のネタが絶対いちばん面白い」と思っている芸人。それを理由に、日本でいちばん面白いと思っている。

前者のほうがたしかに説得力がある。しかし、前者は日本武道館を1万2000人のお客で満員にした芸人が現れたら、かんたんに自信を失うだろう。**根拠のある自信は、その根拠を打ち消す事実を前にすると、容易に崩れ落ちる。**

しかし、後者のほうは、たとえ日本武道館を満員にした芸人が現れても、「自分のほうが面白い」といえてしまう。なぜなら、彼は「自分は日本一面白い」と頭の中で思っているだけだからだ。その自信は容易に崩すことはできない。先のブサイクな構成作家も「自分はイケてるはず」という根拠がない自信を持っていたが、それはなかなか崩せない。彼の幸せは、この自信から来ているのだろう。

給料の高さよりも大事なこと

一方、僕の周囲の話だが、**独り身でフラストレーションが溜まっている人の多くは、イケてなさそうなイメージの職業についているケースが多い。**だったら、イケてるイメージの仕事を副業で始めてみればいいだろう。

週1でバーのバイトを始めるとか、好きなブランドのショップで休日にバイトをするとかだ。「俺ってけっこうイケてるかも」という根拠のない自信を持てるかもしれない。場合によっては転職してもいいかもしれない。

09

それに、副業したり転職しなくても、イケてる肩書きさえ得られれば、自信がつくかもしれない。たとえば、徒党を組んで相手チームと対戦するオンラインゲームがあるが、そこでレベルアップをして、チームのリーダー役を務める。こういったリーダー役の人間はチヤホヤされるらしいのだ。職業はイケてなくても、ゲームのオフ会で「ネトゲのチームリーダー」という肩書きを誇れる。

以前、僕はビルの清掃バイトをしていたことがある。3人でチームを組んで清掃するのだが、自分はいちばん下っ端で、床にこびりついたガムをコテで剥《は》ぐ〝ガム剥ぎ〟が役目だった。上の2人は、床をポリッシャーという機械を使って洗浄する人と、その洗浄した後をワイパーという器具を使って水切りする人だ。

僕だってポリッシャーを操りたいし、水切りワイパーを持ってみたかったが、この上下関係は上が辞めない限り変わらない。ガム剥ぎしかやらせてもらえず、劣等感を抱いていたのだが、こういった職場では自信の持ちようがない。

僕がもしガム剥ぎのようなイケてなさそうな仕事を一生続けていたら、ストレスのはけ口に風俗通いを続けていただろう。だったら、たとえ収入が減っても、自分にとってイケてる仕事をして、自信を持ってみてはどうだろうか。

POINT

イケてないイメージを払拭してみよう

10

惨めな場所にいると よからぬ「一発屋」に なる危険も

タフじゃない人は逃げる

僕はストレス耐性がない。根性論みたいな世界観も苦手だ。「ヒロシです。」のネタで売れることはできたが、あと1年お笑いで芽が出なかったら、「こんなところにいたら惨めな思いをするだけだ」と、芸人もやめていただろう。

同じように**「こんなところにいたら惨めだ」と思っていたら、逃げればいい。**ひとりで生きているのに、そんな場所に居座り続けるのは、精神的にタフじゃなければなかなかもたない。

たとえば、あるRPGをやると、村の中には、道具屋、武器屋、防具屋が一箇所に集中していたりする。もしそこの道具屋でバイトをしていたら、「俺だって鉄の剣《つるぎ》とか売りてーな」とか「あの勇者たち、武器屋と防具屋ばかり寄ってこっち来ねーな」と劣等感を抱いてしまうと思う。人気のある武器屋や防具屋と比べてしまう環境にいるのだから、当たり前だ。そんなときに店長から「サボるな！今日のやくそうのノルマ5つ、売れてねーじゃねーか！」と怒られたら、どくけしそうと聖水を店長に投げつけてブチ切れてしまうだろう。

生きているとこのように劣等感を抱くことばかりだ。僕も、テレビのバラエティ番組というメジャー市場で戦っていたときは、司会までこなせる芸人やその司会者から話を振られて瞬時に面白いことを返せる芸人に、劣等感を抱いていた。

職場でもつらいのに、独り身でいたら親から「その年にもなって恋人もいないで……」と呆れられ、日に日に居場所のなさを痛感することになりかねない。

10

よからぬ「一発屋」に足りないこと

それでも今いる環境から逃げなければ、いつかパンクしてしまう。すると、中にはよからぬでかいことを仕出かして、社会から卒業をはかろうとする人がいる。冴えない独身男が関係のない一般人や子どもたちを巻き込む惨事が断続的に起こる。彼らの頭の中では、自分の人生は何をやってもダメで、毎日がつらいことばかりで、「もう人生が詰んでしまっている」という境地なのだろう。だから、最後によからぬ「一発屋」になって、自分を世の中にアピールしたいのだ。

社会に自分の存在をアピールしたい気持ちはわかるが、僕が思うのは、**なぜその前に、自分がキツイと思う環境から逃げ出さないのか**、ということだ。

僕は昔から甲斐性なしだった。だから、バイトも、父親に高校のときにやらされた土木作業員以外は、だいたい半年以内で辞めている。

たとえば結婚式の配膳のバイト。田舎から出て来たばかりで方言がキツかったのだが、全然言葉が通じなかったので1日で辞めた。あとマンガ喫茶も3ヵ月で辞めた。これは先輩従業員が、僕の掃除の仕方や軽食として提供するパスタの茹で方などに細かく文句をいってきたからだ。ただ、彼には彼の事情があったらしく、経営者に狭い事務室に呼び出されて、後輩バイトの僕の働きぶりが悪いことを自分の責任とされ、暴力を振るわれていたらしい。僕が辞めるといったとき、彼は「お前が辞めると俺がまた殴られる!」と泣きついて止めてきた。大変だなと思ったが、余計そんなところで働きたくないと思ったので、すぐに辞めた。

こんなことだから、周りの人間にも「忍耐力がない」といわれて、馬鹿にされてきた。しかし、**この「やめ癖」「逃げ癖」は、僕を救ってくれた**と思っている。もしこらえてそこに留まっていたら、かえってひどい仕打ちを受けたり、あるいは鬱屈した気持ちが溜まりに溜まって爆発したりしていただろう。**よからぬ「一発屋」に決定的に足りないのは、自分を惨めにさせる環境から逃げる発想だ。**

10

比べる対象がない環境を作る

そのうえ彼らは、家族、同級生など周りの人や立派な有名人と自分を比べてしまうのが問題だ。暇なひとり者ほど、毎晩ネットサーフィンに耽《ふけ》るが、これがよくない。**ネット上には、インスタ映えする写真をアップして「いいね!」をたくさんもらっている人や、年の近い立派な人たちの活躍のニュースが流れており、どうしても自分と比べてしまう。**僕もテレビから離れた頃は、他人の活躍を見ると嫉妬するから、テレビや芸能ニュースを見なかった。

ソロキャンプでも、僕はリア充どもが来ない場所を選んでテントを張る。近くにEXILEのような男たちがホットパンツを穿いたいい女を連れて楽しんでいたら、自分は惨めなのかもしれない、と思ってしまうからだ。

比べる対象がない環境作りこそ大事だ。

POINT

よからぬ思いに駆られる人はもっと甲斐性なしになれ

11

「終わった芸人」でもソロキャンプYouTuberとして復活できた

お茶の間では「終わった芸人」だった僕

テレビはスポンサーの意向の関係もあるが、一家4人ぐらいの家族を視聴者として捉えている番組がたくさんある。お父さん、お母さん、子どもが2人という典型的な家族が、畳の部屋でちゃぶ台を囲み、食事をしながらテレビを見る。テレビはそんな視聴者像を想定して番組作りが進められる、お茶の間文化が根強く残っているメディアだ。家族で見るのだから、当然制約もある。

お笑い芸人を目指した頃の僕が意識したのも、当然そのようなお茶の間文化だった。前述したように僕が憧れていたのは、お茶の間を笑わせていたビートたけしさんや志村けんさんたちのようなヒーローだ。

でも、僕はお茶の間のヒーローにはなれなかった。お茶の間に映し出される世界では、僕は「一発屋芸人」のキャラを求められ、それには納得できなかった。耐えきれなくなった僕はお茶の間の世界から逃げ、「終わった芸人」になった。

11

お茶の間の家族から自室の個人にターゲットを変えた

でも、世の中がお茶の間で一家団欒《だんらん》している人ばかりかといえば、全然そんなことはない。

テレビから離れた僕は、2015年からソロキャンプのYouTubeチャンネルを始めた。そこで初めて、ブラウン管ではなく、ネットで僕の番組を見ている人を知った。僕のお客には、一家団欒のリビングではなく、リビングから離れた自室にこもっている人や、ワンルームマンションでひとり暮らしをしている人がいたわけだ。僕はBSの深夜放送で、海外旅行番組に出させてもらっているが、この番組もおそらくひとりで見ている人が少なくないだろう。

2012年、東京都での世帯あたりの人数が1・99人となり2人を下回った。東京都では、単独世帯は2015年時点で47・3%で、しかも増え続けるという。**ひとり者はもう多数派**なわけだ。

一発当てるためには100粒のタネ蒔きが必要

インターネットメディアひとつ見てもわかるように、**今の時代は昔よりも選択肢の幅が広くなってきた**。「人生が詰んでしまった」と嘆く必要もないぐらい、いろんな逃げ道がある。

漫画『スラムダンク』でバスケ部の監督を務める安西先生は「あきらめたらそこで試合終了ですよ…？」という有名なセリフを残した（といっても僕はこれをネットで見て知っているだけなのだが）。これは逆をいえば、「あきらめなければ試合終了ではない」ということだ。

「人生が詰んでしまった」と思っても、ちょっとよそ見をしたり、生活のパターンを変えたりするだけで、詰んでなかった自分に出会う可能性がある。恋人も友達もいなくても、自分が描いていたような理想の人生を送れていなかったとしても、絶望することはない。自分の境遇を嘆く暇があるなら、自分が惨めに感じない環境作りを模索し続ければいいわけだ。

11

そういう意味で、僕は、**たくさんのタネを同時に蒔《ま》くことを勧めている**。これはひとつのタネを蒔いて、熱心に育てたとしても、咲かないかもしれないからだ。しかし、一気にたくさんのタネを蒔き、テキトーに水を与えていれば、ひとつくらいは芽が出るものだ。そして芽が出たら、そこに集中して水を与えて、育ててあげればいい。

僕もたくさんのタネを蒔いた結果、ソロキャンプＹｏｕＴｕｂｅｒとして第二の人生を始めることができた。こんなことで注目されるなんて、始めたときは想像していなかったのだ。同時期にバンドもやったし、地下アイドルだってプロデュースしようとした。でも、どれも大してうまくいかなかったり、そもそも始められなかったりした。そんな中で、ソロキャンプＹｏｕＴｕｂｅｒだけは芽が出たので、それを育てていったことで、続けてこられたのだ。

今の時代は、タネを蒔いても花が咲くかどうかはわからない。だから気軽に多くのタネを蒔いて、その中から芽が出たものに本格的に打ち込むようにするのがいいだろう。

POINT

タネをたくさん蒔いて選択肢を増やしてみる

12

値踏みされる名刺は出さない

マウンティングの泥試合から抜け出そう

大学時代の僕はナンパばかりしていた。地元のショッピングセンターの大きな駐車場が当時のナンパスポットだった。女の子に声をかけるために男たちの車が並び、断られたら、その場から車を動かして、という繰り返しだった。

そんなナンパには、名刺代わりの「いい車」がつきものだった。その駐車場には、いつも日産のセドリックY30やグロリア、トヨタのソアラといった要はカッコいい車が列をなしていた。一方、僕の車は親が所有するマツダのキャロルという軽自動車。運転はしやすいのだが、モテる車ではなかった。

車という名刺では勝負にならない。そんな名刺でマウンティングしていたら負けてしまうのは目に見えている、そこで、僕は、車を一切アピールせずに、笑いという名刺で勝負した。「僕といると楽しいですよ」ということをひたすらアピールしたわけだ。

相手から見下されるとわかっている名刺ならば、出さないほうがいい。そんなときは、自分が勝負できる名刺を出してみる。結果、何回かナンパに成功し、キャロルで一緒にドライブに行くことができたのだ。

12

ひとり者が名刺バトルをやめたほうがいい理由

社会人の中には、やたらと自分の所属する会社や組織を前面に押し出す人がいる。とりわけ男に多いが、プライベートな場でもなぜか名刺を出す。そんなものは出さず、普通に接すればいいものを、会社名や地位が書かれた紙切れを出さずにはいられないのだ。そして、子どもがやっているカードバトルのように、「いっせーのせ」でお互いが出した名刺で勝負し合う。相手の所属企業の知名度や役職を見て、話をする前から相手をAランク、Bランク、Cランクと値踏みする。さらには複数の人が集まる席では、「Cランクのやつなんかと同じ立場で話していたら、自分もCランク扱いされてしまう」などと考えてしまう。

そういった人は、自分に自信がなく、真面目過ぎるのかもしれない。僕も大手の芸能プロダクションを離れてから、「ヒロシなんかに舐められてたまるか！」

と明らかに思っている方に、上から目線で接せられたことは何度もあった。

こういう接し方はとりわけひとり者の僕らにはよくない。なぜなら、**ひとり者のほうが、その紙切れ1枚の効力を失ってしまう可能性が高い**からだ。

組織に属していると、結婚していないことが出世に響くということがある。さらに、養う家族がいないということで、既婚者よりもリストラの対象になりやすいといったことまであるという。

つまり、僕のように年を重ねて独身だと、紙切れカードバトルでも負け戦が増えるうえに、その紙切れを失ってしまう危険があるわけだ。

だったら、初めから、**どこに行っても組織の名刺を出す癖を直しておいたほうがいい。**

ひとりで生きる人は個人対個人で付き合おう

僕らは、**個人対個人で付き合うことに専念すべき**だろう。ひとりで生きていくには、あらゆる人間関係をフラットに築いたほうがいいのだ。

12

第1章でも書いたように、ひとり旅のときに道を聞くような丁寧な姿勢で人と接しよう。職場という上下関係が前提の場所で横柄な態度を取るような人でも、初めて訪れた場所で道を聞く際は、丁寧な態度と言葉で人に接するだろう。あらゆる人間関係はそのように構築すべきだ。

もちろん、そのようなスタンスで接しようとすれば、付き合ってもらえない人が出てくる。でも、そんな人と付き合う必要はない。結局、その人はあなたと付き合いたいわけではなく、あなたが所属する会社や肩書きと付き合いたいわけで、あなたのことなど求めていない。相手が名刺を出してきたら、それを受け取りながらも、名刺は出さず「ヒロシです。」と丁寧に自分の名前を告げればそれでいい。それで離れていく人は、自分から追わないことだ。

会社名や肩書きで付き合えば、結局、相手と上下関係で接することになる。日頃の言動で、先輩風をふかす癖がある人は、とくに気をつけたい。会社名や肩書き、先輩と後輩の関係を抜かして、個人名で付き合う心がけが大切だ。

POINT

名刺の要らない フラットな付き合いを 心がけよう

13

無駄な敵は作らないようにしよう

味方を作るより大事なこと

僕は約束を守らない人やぞんざいに接してくる人が嫌いだ。だからそういう態度を見せられたら、キレて爆発することがある。そんなことから、僕のことを好戦的と思っている人がいるようなのだが、僕は自分からいちゃもんをつけたり喧嘩をふっかけたりすることはない。極力、他人と揉めごとは起こさない。昨今は、「炎上」したもの勝ち、という人もいるようだが、ストレス耐性のない僕はそんなこともできない。

だから、敵をたくさん作ることは避けたい。敵ができると、いちいち自分のすることを邪魔してくるかもしれない。徒党を組んで攻撃してきたりもしかねない。第1章で、友人は絶対的なものではなく、あてにならないということを書いた。味方であるという顔をしてくる人ほど、敵にすると非常に怖かったりするので要注意である。

ひとりで生きる人は、できることなら、味方を作ることよりも敵を作らないこ

とを心がけよう。もし周りに敵がたくさんいる状況ならば、その環境はあなたに合っていない。さっさと逃げたほうがいい。

13

等身大で生きると避けられないこと

しかし、そんなつもりであっても僕は敵を作ってしまう。

小学生のときも、僕はとくに大人から嫌われていた。忘れもしない家庭訪問の日。同級生と一緒に帰っている途中、担任の先生が車で通りかかった際、友達が「家まで送って！」と頼んだら乗せてくれたのに、僕は「お前は乗っちゃダメ」といわれて乗車を拒否された。

僕はこれまでガッツポーズをしたことがない。ピースサインやサムズアップもできない。写真を撮るときに「笑って」といわれても笑うことができない（本書のカバーの撮影でも笑ってといわれたが、笑えなかった。それに笑うことができる余裕がないほど怖かった）。大人はやっぱり明るくて素直な子どもが好きなのだ。僕はそういう人からすれば、かわいげがない子どもだった。

仕事でも、たとえば営業の後に、関係者が飲み会をセッティングしていることがある。僕はそういう場が本当に苦手だから、丁重に断るのだが、逆上されることがあるのだ。「何様のつもりだ」と暗にいわれる。オファーについても「それだと僕はお金をもらっても期待に応えられない」と思って断ると、「ヒロシのくせに断りやがって」と相手を怒らせてしまう。

僕は昔から、何様のつもりもなく、単なる「ヒロシ」に過ぎない。でも、こんな感じで等身大で生きていると、嫌われてしまうらしい。

しかし、**僕は僕としてしか生きることはできない。だから、敵は作りたくないのだが、それで嫌われてしまうのであれば、これはもう仕方ない。**

無駄な敵を作らない方法

幸いなことに、僕は同業者の芸人やＹｏｕＴｕｂｅｒから「ヒロシ使えねーな」とか「ヒロシは返しが下手くそだな」と思われたことはあるかもしれないが、敵意をむき出しにされたことはない。

13

これは僕が**密なコミュニケーションを求めてこなかったから**だ。以前に、番組収録の前に有吉弘行《ひろいき》さんの楽屋にあいさつに行くと、「あ！　誰とも仲良くならない人だ」といじられたことがある。まさにその通りなのだ。酒が飲めないから「飲み会に行かない人」として通してきたし、大部屋にいて他の芸人と一緒にいるときも、基本ひとりでじっと座っていた。小さい頃からの「あがり症」もあって、ほとんど誰ともしゃべらなかった。その結果、僕はひとりぼっちだった。

でも、みんなと適当な距離を取ってきたことで、面倒な争いごとに巻き込まれなかった。コミュニケーションを密にしていたら、争いごともあったに違いない。

僕は相手が年下でも基本は「さん」づけで通しているのだが、これは、僕が対人関係を苦手とし、どう後輩と接していいかわからないため。しかし、これも、「あの人は自分より先輩か後輩か」で迷う必要がなく、とても便利なのだ。上下関係に気を揉むことはないし、相手から反感を買うこともない。

「親友」だと思ってきた同士が、互いの距離をさらに縮めたりした結果、仲違いして、敵になってしまうこともよくある。無理をして仲間を作ろうと思うよりも、みんなと適当な距離を保ち、無駄に敵を作らないでいたい。

POINT

敵は作りたくないが等身大で生きると嫌われることは避けられない

14

大人なんだから尖っていても構わない

小学校に漂っていた空気

周りと適度な距離を保って、ひとりで自由に生きることは実はラクではない。とりわけ小学校時代はそうだった。ひとりでいることが多かった僕も、当時は周りに合わせようとして生きていた。

運動靴ひとつとってもそうだ。僕の通っていた小学校では、高学年になると運動靴はナイキ、アシックス、プーマといった一流ブランドのスニーカーを履かないといけない空気が漂っていた。休み時間にもクラスの男子は、「誰々がナイキの靴を買った」といった会話をしており、聞き耳を立てていた僕も気になっていた。僕の家は貧乏だったが、親にプーマのスニーカーをねだったのだ。ただ、親が奮発して買ってくれたスニーカーには、ピューマじゃない別の生き物が描かれていた。パチモンを履いていくのはカッコ悪かったのだが、いずれにしても、当時はところどころ周囲に無理に合わせようとしていた。

本当は、僕は運動にまったく興味がなかったのだから、運動靴のブランドなんかどうでもいいはずだった。

14

「友達100人できるかな」という同調圧力

どうでもいい運動靴にこだわったのは、周囲に同じ行動を求める空気、**同調圧力**とでもいうべきものがあったからだろう。

この同調圧力は人間の行動にいろいろな影響を及ぼす。第1章で記した、2人っきりなら僕と話すのに、集団でいると素知らぬふりをしてくる同級生の行動も、「僕と親しくすることはカッコ悪い」という同調圧力によるものだろう。

小学校時代には同調圧力がたくさんあった。何より、友達がたくさんいることが求められた。「友達100人できるかな」が小学生の正解だったのだ。

大人になってもそれはあった。ある程度の年になれば、どこかの企業の社員として働いていることを求められると同時に、結婚していることが求められるし、長年付き合っている友人の1人や2人持っていることが求められる。結婚していなかったり、友達がいなかったりすれば、人間として欠陥があると疑われたり、どこかで馬鹿にされたりする風潮があるだろう。

でも、結婚したり、長年付き合い続ける親友を持っていたりすることは、欠陥がないことの証明にはならない。娘には優しくても部下を罵倒する上司はいるし、強固につながっている不良グループがそのいびつな絆を使って、ひとりをリンチしてしまうこともある。

若い頃になりたくなかった「普通の人」になれない不安

本来であれば、小学生と違って、大人は自由に生きられるはずだ。だから、大人になってから周囲に同調しない存在であり続けてもいいのに、年を取ると、周囲に合わせていないことを怖く感じる人がいる。人並みに就職し、人並みに結婚し、人並みにマイホームを持って一家4人仲良く暮らすことができないことに、コンプレックスを持つ人もいる。**若い頃にあれほど送りたくなかった「人並みの人生」を送れていないことに不安を覚えてしまう**のだ。

もしそのような同調圧力を勝手に感じてしまうのであれば、やはり今いる環境

14

が合っていないのだろう。ひとりで自由に生きるには、周囲と適度な距離感を保つ必要がある。密接に人とつながった環境にいれば、影響を受けてしまうのは当たり前だ。

本章では僕がひとりで生きるうえで重要だと思う「逃げる」ことについて言及してきた。今の社会は、人並みの就職や結婚や家族といったものが、「男なら野球を好きになれ」のように声の大きな人が放つ同調圧力で押しつけられてしまうほど、デリカシーがない。僕のように必要のない人には必要ないものなのに、「婚活」の様子をことさら取り上げたり、「生涯未婚率」を危機的状況として報じたりすることで、不安になる人がいることに配慮がまったくない。

だからこそ、こういった批判を無視できる環境に身を置きたい。未婚であることにコンプレックスを感じる必要はないのだ。いかにそのままで気持ちよく生きられるかを考えよう。周囲と違っているひとり者の自分でも、自由で幸せな人生は送れる。

POINT

デリカシーのない社会の同調圧力に屈する必要はない

15

ひとりぼっちがいちばんラク

「ひとりだと不安」は嘘？

「ひとりだと、つらくないですか？」と聞かれることがある。

僕も若い頃は、テレビ局の控えの大部屋でどうやって過ごしたらいいかわからず、誰とも仲良くせず、ひとりでいることにやきもきしたこともあった。

でも、そんなふうに思うのはひとりぼっちのときではない。皆といる際に、どう振る舞っていいのかわからないときだ。ひとりでいることへの他人の目が気になっているときだ。

他人の目とは、自分以外の大勢、それに世間だ。小学校や中学校では「みんなと仲良く過ごす」ことが求められるし、40歳を過ぎて独身でいると、親族以外からも「まだひとりなの？」と品のないことを頻繁にいわれる。その結果、「周りは友達と遊んでいて楽しそうなのに、自分はひとりぼっち」「周りは結婚しているのに自分は独身」などとひとりで生きることが不安になるのである。

15

ストレスの根源はだいたい人間関係

しかし、みんなでいることは、かなりキツイものだ。たとえ5、6人であっても、集団が形成されると、よく仲間割れや分裂が起きて、諍《いさか》いが起こるようになる。そうでなくとも、必ず2人か3人、対立する人たちが出てくるものだ。そうなると、対立する片方の人から連日電話がかかってきて、愚痴や悩みをえんえんと聞かされるハメになる。毎度聞かされる側も疲れる。

こんなこと、ひとりでいるときにはけっして起きない。むしろ、みんなでいることのほうが、いろいろとストレスフルで大変なのだ。

そもそも**ストレスの根源は、だいたい人間関係**である。信用していた人に裏切られたり、慕っている人に無視されたり、恋人に冷たくされたり……。

人間関係がこじれたとき、つい「相手が悪い」と思ってしまう。でも、その責任の一端は自分にある。「裏切ったやつが悪い！」と思ってしまいがちだが、「親友だと思っていたのに！」と勝手に信用したのは自分なのだ。冷たくしてくる相手に「俺たち恋人なのに……」に勝手に絶望するのは自分なのだ。

そういうこともあって、僕はできるだけ人と関わらない生き方を選んできた。その結果たどり着いたのが、**ひとりぼっちは最高**ということである。ひとりでいることを不安がるあまりに、仲間とつるみ、結果、ストレスを抱えて傷つく。こうやって振り回されることはごめんなのだ。「基本ひとり」と決める。そうすれば、ひとりぼっちで不安になることはない。

飲み会は地獄、ぼっち飯は天国

人付き合いの苦手な僕は、お酒の席でもご飯を一緒に食べるときでも、相手と何をしゃべっていいかわからず、おどおどしてしまう。このような人間が「ひとりだと不安になる」なんて、てんでおかしいのだ。

僕がテレビで売れていた頃、タレントの誕生日会に誘われて行ったことがあった。六本木の人通りの少ないところに呼ばれて、壁を探すとボタンがあり、それを押すと壁が自動に開くみたいな、ＲＰＧのダンジョンみたいな隠れ家が会場だ

15

った。中に入ると、テレビで見る人がいっぱいいた。

お笑い芸人を目指し始めた頃の僕が見たら、「ヒロシ！　すごいところまで上り詰めたじゃないか！」となるかもしれないが、いざ人付き合いの苦手な僕がそんなところにお呼ばれしても、苦痛以外の何物でもなかった。誰とも話さず、ただただ目の前のジュースをストローで飲み続ける、苦痛の数時間だった。

そういう**集いの場所には行かないと決めていれば、煩わしいことからも解放される**。誰にも気兼ねすることなく、ひとりで好きなお酒を飲めばいいし、ぼっちで好きなものを食べに行けばいい。

もちろん、常にひとりでいるべきだというわけでもない。一緒に食べたいな、と思う人がいれば、食べればいい。ただし、ひとりで食べることをネガティブに捉え、必要ないのに誰かを誘うことはない。焼肉だってひとりで食べるのだ。

ひとりでいることを不安に思う必要はない。ひとりでいることをどう捉えるかは気持ちの持ち方であり、「ぼっちキャラ」になれば、実はとてもラクなのだ。

POINT

「ぼっちキャラ」認定されたら煩わしいことから解放される！

CHECK!

- [ ] ひとりで生きる者は激戦区で戦わずに済むイージーなところに逃げよう
- [ ] たくさんのタネを同時に蒔いて逃げ道の選択肢を増やしておこう
- [ ] プライベートな場で名刺を出す癖を直そう。そして個人として人と付き合おう
- [ ] デリカシーなく押しつけられる「就職」観、「結婚」観、「家族」観を無視できる環境を築こう
- [ ] ストレスの根源はだいたい人間関係。ひとりぼっちでノーストレスな生活を送ろう

［ 第3章 ］

ひとりで死ぬためのお金の話

16

月収4000万円でもお金は残らなかった

ジャガーに乗るのは神田うのと結婚することと一緒

僕がテレビで売れた頃、僕の月収は1000万〜3000万円で、最高で4000万円に達した。とてもリッチな生活をしていたように見えるが、中身が伴わなかった。炭鉱街の出身で根が貧乏だから、有り余るお金の使い方がわからなかったのだ。

売れ始めた僕は、さっそく四畳半のアパートから、家賃が40万円もする2LDKのマンションに引っ越した。すぐそばに東京タワーが見えた。ついでに大塚家具でクイーンサイズの高価なベッドや、60万円する革張りのソファも購入した。

さらに、念願の高級車・ジャガーも買った。「売れたら外車に乗るぞ！」と思っていたから、買ったときは嬉しかった。外車はわかりやすい成功の証《あかし》だった。

しかし、実のところ国産車でもよかったのだ。というか、国産車のほうがよかった。ジャガーは修理代がめちゃくちゃ高いのだ。乗っていてドアが開かなくなったのだが、調べてもらうと、ドアを開ける際に使われている針金みたいなものが切れてしまっていた。修理はかんたんだといわれたので頼んだのだが、その針金の部品代だけで6万円もかかるという。なんと馬鹿らしいことだろうか。

他にも天井やらアクセルやらが壊れ、修理に行ったことがあったが、「総額で百数十万円はかかる」といわれた。あまりの高さに修理代金を出し渋りつつも、「ジャガーに乗り続けたいんですよね」といったら、**「齊藤さん、ジャガーに乗り続けるのは、神田うのと結婚するのと一緒ですよ」**と指摘された。

そこで僕はハッとしたわけだ。

16

お金があって浪費するのは見栄でしかない

神田うのさんみたいなきれいでセレブな女性を養うのであれば、やはりお茶漬けだけ食わせていいわけがない。それに見合うだけの高級料理や高級品が必要になる。僕にしてみたら高嶺の花に他ならない。僕がジャガーに乗ったのは、単なる見栄でしかなかった。港区の高級マンションも高級家具もすべてが見栄だった。

やがて僕は収入が落ち、もっと安い家に引っ越そうと思ったのだが、そのときは、高級家具が邪魔になった。なんとなく買った何十万円もする高級家具が、捨てるに捨てられないのだ。貧乏性がそう思わせたのだが、結局、それに見合う物件にするハメになり、収入の落ちた自分には痛い出費となってしまった。

ひとり暮らしするのに、革張りの3人掛けソファなんか役にも立たない。げんに僕はいつも、その端っこの一箇所にしか座らないから、そこだけが黒く汚れていた。「起きて半畳寝て一畳」とはよくいったもので、改めて僕は、この高い買い物が自分の生活には何の役にも立っていなかったことを思い知った。

お金があると、なぜか高い家賃のところに住んでしまう。お金があるとなぜか必要のないブランド品を買ってしまう。お金があると高級車を買ってしまう。どれも典型的な「浪費家」のお金の使い方で、結局のところ全部見栄だ。

独り身でいる人は、子どもや家族にではなく、自分に金を使ってしまう。何かと自由に使えるお金が多くなるから、無駄使いをしがちなのだ。子どもの教育費は「毎月の塾代はいくらで……」などと計算が立つが、**自分の見栄で使うお金には際限がない。**この見栄と、戦っていかなければならないのだ。

16

借金するやつは無能をさらしている

当たり前だがお金があっても使えば残らない。

ホスト時代は、月収3万円でお金がなかった。アパートの家賃も払えず、出ていくハメになったが、泊めてくれる友達もいないから、歌舞伎町のコマ劇場の前で、「今夜泊めてください」と知らない女の子に声をかけてなんとかしのいだ。すぐに追い出されることもあれば、何日か居候させてくれることもあったが、そんな生活を2年間続けた結果、お金がなくても生活できるスキルは磨けた。

貧乏時代に磨かれたスキルだが、**なぜか小金を持つとお金を使わずに暮らす能力が衰えてくる**。しかも、僕がお金がなくなった後もソファに見合う物件に住んでしまったように、一度高めた生活レベルを下げることは難しい。すると、身の丈に合っていない生活を維持するためにお金を借りてしまう人までいる。そういう類の借金をすることは、自分の収入内で生活するスキルがないといっているようなもので、無能をさらしている行為なのだ。

POINT

お金があると
多くの人は
「浪費家」になる

17

不安の行く先はお金

ヒロシの人生の8割は不安定収入でできている

ひとり立ちしてからの芸人人生で、収入が安定したことは一度もない。芸人のみで頑張っていた頃の僕の収入は極端で、すごくお金があるか、まったくないかのどちらかだった。当然、普通に定職についている人よりも、お金に対して不安な気持ちはある。年を取れば取るほど、将来についての悩みも多くなる。独り身であればなおさらだ。

「老後にひとりだと、大変ではないか？」
「ひとりで生きるとしたら、マイホームを買ったほうがいいのか？」
「急に入院することになったらどうしようか？」

こういった**不安のほとんどは、お金の話に行き着く**。

老後への不安から、今のうちにできる限り貯金を増やそうと、株や投資信託などに興味を持つ人もいる。僕も以前、不動産投資に手を出しそうになったが、調べまくった結果、節約に越したことはないと思い、手を出さなかった。

17

AI登場でクリエイティブな仕事こそ危ない?

将来に対する不安の中で、「自分の仕事がなくなるのでは?」という不安は、AI(人工知能)の登場によって、ますます現実味を帯びてきている。

しかも、安泰と思われているクリエイティブな仕事もそうとはいえない。

コピーライターといえば、人がつい商品を手に取ってしまうような魅力的なキャッチコピーを作る仕事で、稼ぎも悪くないだろう。でも、魅力的なキャッチコピーは必ずしも人間が作り出さないといけないわけじゃない。これまでヒットしたキャッチコピーやSNSのバズワードをデータ化して、それらをうまく組み合わせて作るなら、AIのほうが人間よりもできるかもしれない。

一方、コンビニの店員や僕がやっていたガム剥ぎバイトはどうか? これらに共通するのは、労力のわりに給与が少ない点だ。コンビニの店員を見ていると、レジ打ち、品出し、清掃、コピー機の管理、フライドチキンの仕込み、宅急便の受け付けなど、覚える業務は多岐にわたる。それらを、客の出入りの様子を見つつ、その場で判断してこなす必要がある。ガム剥ぎのような肉体労働も、こびりついたガムを床を傷つけずに剥ぎ取る力の加減は結構難しく、ＡＩ搭載のロボットにやらせるにしても、大変面倒な仕組みを作らないといけないはずだ。

となると、経営者は導入にお金がかかるＡＩにそれらをやらせようとはしないのではないか。時給９００円でそれらの業務をやってくれるバイトを雇えるならば、そのほうがコスパがいいと考えるだろう。

そうなれば、**わりの合わない時給の低い仕事は残り、むしろコピーライターのような人件費の高い仕事のほうが、ＡＩに代替されるかもしれない。**僕の「ヒロシです。」だって、僕が考えるよりも、ＡＩが考えたほうが面白いネタを作れるんじゃないだろうか……。

お金の不安を抱えないためには

単身者の平均的な老後の生活費は、毎月約14・8万円なのだそうだ（２０１７年総務省家計調査報告）。最近は老後のお金に関するニュースが多く、年金型の

17

生命保険や老後のための投資なんかの広告もやたらと目にする。

お金に関する不安が強くなればなるほど、正しい判断ができなくなる人も多いだろう。冷静な判断ができなければ、詐欺師のありえない投資話に手を出してしまう。保険や投資の広告を読んでいると、どれも「やらなきゃ損」みたいな気にさせられるが、よくよく調べてみると、民間の保険はギャンブルでいちばん還元率の低い宝くじ（46・9％）よりも還元率が低いなんていう話もある。

こういった数字については、専門家の本を読んでいただければと思うが、僕からいいたいのは、**節約して、貯金しておくに越したことはない**ということだ。

たとえば、今住んでいるマンションが1LDKだとしたら、ひとりで住むに十分なワンルームに住み替えるだけで、毎月数万円の貯金ができる。都心から郊外に移れば、なおさら家賃は安くなる。それだけでも老後資金の足しになる。

僕の事務所も、中野区の外れで都心よりだいぶ安いエリアを選んだうえに地下の物件だ。周辺相場に比べても格安で済んでいる。いずれにしても、お金を使うことに関しては石橋を叩きまくって、無駄なお金は使わないように心がけたほうがいい。

POINT

今のうちから節約思考を身につけよう

18

ひとりで迎える
リアルな
「極上の死に方」を
考えてみた

家族に看取られたいという幻想

理想的な死に方として、親しい人に看取られながら死んでいく、というイメージを思い浮かべる人も多いはずだ。たとえば、布団に寝ている自分の周りで、奥さんや子ども、それに孫たちが見守ってくれているといったことだ。

しかし、僕が嫌なのは、まさにこういう死に方なのだ。

なぜなら、僕が今死のうとしているときに、事情を知らない小さい孫がはしゃいで走り回っているのを見たら、きっとへこんでしまうに違いない。「俺はこれから死ぬんだぞ！」と怒鳴りつけてやりたくもなる。意識が遠のく中、息を引き取る寸前に、「アンパンマンやってるからテレビつけて！」という孫の声を聞いたら、死ぬに死ねない。最悪のケースだと、僕が家族に密かに嫌われていて、目を閉じたときに「もう死んだ？　まだか？」とウキウキした声でいわれたら……。もう考えたくもない。

つまり、**家族に対して期待をし過ぎだ**と思うのだ。年を重ねてから駆け込みで結婚する人の理由に、「孤独死したくないから」というのがあるだろう。でも、死ぬときはひとりだ。結局、死ぬときに傍にいられても、孤独さは増す。さっきのはしゃぐ孫の話もそうだが、**これから死にゆく人と、これから生き続ける人、そこには越えられない壁がある。**

それに、「家族がいないと、誰も自分を看取ってくれない」というが、では自分を看取ってくれる人の最期を看取る責任は自分にはないのか。考えてみれば無責任な話だ。そんなに誰かに看取ってもらいたければ、お金で解決する方法もあるだろう。

死ぬとき隣にいてほしい人

結局、三途《さんず》の川はひとりで渡るのだ。誰もついてきてくれない。だったら、僕は、最期におっぱいを吸わせてくれる若い美女が傍にいてくれたほうがいい。

「死ぬ間際って相当な年になっているはずだから、女の子なんかはべらせたいと思うわけないじゃん」という人もいそうだ。一方、男性向け週刊誌が「死ぬまでセックス」といった特集をしているが、そういうのを見ると、性欲は死ぬまでつきまとう問題だということがわかる。たしかに年を取ったら、若い頃みたいに一晩で何度も射精をすることはできなくなるが、女の子に腕を組まれたら嬉しいし、かわいい子とキスはしたい。つまり、加齢とともに精力は衰えるが、性欲は衰えない。

僕が理想とする死に方は、下着姿になってくれる若い女の子を雇って、ベッドでその子のおっぱいを吸いながら、あの世に旅立つことだ。**家族に看取られたら、こんな欲望、叶えられるはずがない。**

自分の全財産を渡せば、そのくらいのことをやってくれる子はいそうなものだ。高齢化が進む中で、風俗の新しいデリバリーサービスとして、実は結構な需要があるのではないか。ともかく、こういう死に方をするにもお金が必要になる。

安上がりにひとりで安らかに眠る方法

ただし、とことん人間関係を疑う根っからひねくれ者の僕は、デリバリーサー

18

ビスに対しても懐疑的になるかもしれない。死ぬ間際に風俗嬢を呼んだら、最期の瞬間に「ちっ」と舌打ちされたり「ふっ」と鼻で笑われたりするかもしれない。そんなのを聞いて死ぬのは悲しすぎる。

だったら、ＡＩやＶＲ（仮想現実）に期待したほうがいいかもしれない。僕は以前、セクサロイド（セックスロボット）のために貯金していたことがある。夜になると家に帰ってきて、自分とセックスしてくれるロボット。そんなロボットが開発される未来に期待して、空き瓶に貯金していたのだ。このセクサロイドを死ぬ間際に配置させる手もある。エロい科学技術者に期待したい。

でも、セクサロイドにＡＩが積まれてしまったら、浮気される不安も出てきそうだ。ＡＩで**「ヒロシトイルヨリ、イケメンシャチョートイタホウガトク」**などと計算されたら、悲しい。そうなったら、セクサロイドを監禁する部屋を作らなければならないかもしれず、もっとお金がかかる……。

しかし、仮想空間に入ってセックスした感覚が得られるＶＲゴーグルがあればそれでいいかもしれない。風俗嬢に舌打ちされるぐらいなら、このゴーグルをつけて仮想空間の中で死にたい。風俗嬢を雇うよりはるかに安上がりだろう。

POINT

ひとりで気持ちよく死ぬには多少のお金は必要

19

レコメンドは金も時間も奪うもの

「おひとりさまマーケット」に気をつけろ

僕たち未婚者は、家族を養う必要がないため、ついつい財布の紐がゆるくなる。食事も外食やコンビニ飯、飲み物も500ミリ入りペットボトルが多くなりがちで、無駄な買い物をしてしまう機会が多い。その結果、貯金をしていない人が多いのだ（註：金融広報中央委員会が実施する「家計の金融行動に関する世論調査」〈2018年〉によれば、20歳以上70歳未満の単身者の貯蓄の中央値は50万円。38・6％が金融資産を保有していないと答えている）。

今後も僕みたいな未婚者は増え続ける。そこで、ただでさえ財布の紐がゆるゆるの僕たちをターゲットにする、よからぬ者がいることに気をつけるべきだ。

あるサイトでは、**「おひとりさまマーケット」**の狙い目として、「手の届くぜいたく」「アフター5のエンタメ系」「代行サービス」の3つが挙げられていた。こんなものにまんまと引っかかり、無駄金を使ってしまうのは癪《しゃく》だ。

19

ターゲットの真逆を行け

そこで、天邪鬼《あまのじゃく》の僕は、今挙げた3つの狙い目の逆をすることを提案する。おひとりさまマーケットの真逆をすれば、無駄なお金を使わずに済むわけだ。

「手の届くぜいたくこそ無駄遣い」。まずはMacを開くいけ好かない人がいるおしゃれな店で無駄に高いコーヒーを買わないことだ。そのサイトによれば「金額以上のぜいたく感が味わえる」ようだが、家で淹れ立てを飲めばたいていはおいしい。外で飲むなら、コンビニで100円のコーヒーを買えばいい。

「アフター5のエンタメ系に金を使わない」。そのサイトには「ひとりでも楽しめる『娯楽』や『気晴らし』のエンタテインメント・サービス」とあったが、スマホの無料アプリで無課金でどこまでできるかを楽しもう。

「代行サービスを使わない」。代行サービスとは「洗濯、掃除、料理などの家事を代わりに担ってくれるサービス」をいう。これらの代行業を使わなくても、困ることはない。洗濯は自分ですればいいし、部屋が広くて掃除が大変なら、ワンルームに引っ越して極力掃除する面積を減らす。料理も自分で作れば節約的な趣味になるし、どうしても面倒なら街のお弁当屋さんで買う。

未婚者を狙う商法があるのをもっと意識し、無駄遣いをやめていこう。

さらに財布の紐をゆるめるレコメンド機能

無駄遣いをしない方法として無料のアプリを挙げたが、スマホやネットサーフィンにも罠があることに気をつけたい。たとえば昨今の**インターネット広告やレコメンド（推薦）機能**だ。検索や購入履歴から自分の興味あることを分析され、インターネットに食指が動くお勧めがどんどん紹介される。カメラに興味があるなら、次々と魅力的なカメラの広告が入る。

何台もカメラを持っている人がいるが、そんな罠にハマった人もいるのではないか。でも、実際に使うのはせいぜい1台のボディに標準、望遠の2つのレンズくらいだろう。それでどう面白く撮るかを考えるべきで、プロでもない素人がたくさん買いそろえるのは無駄だ。

19

僕は10年前ぐらいに、ヤフーのトップ画面をオフィス版に切り替えた。そうすると、写真つきのレコメンド広告が表示されなくなる。最初は寂しい気がしたが、すっきりするし、広告に惑わされて無駄遣いをする心配もなくなった。残念なことに２０１９年10月で終了するらしいが代わりのサービスが登場することを望む。

スマホやインターネットでいえば、**時間の無駄遣いにも注意**したい。無料動画をサーフィンしていると、たまに数時間経っていることがある。レコメンドで余計な動画が割り込んでくるからだ。僕はベースを弾くのだが、楽器を始めるときに指の動きが学べる動画はとても便利だ。でも、インターネットの怖いところは、レコメンドで、そのバンドの過去のライブ映像まで出てくることだ。すると、どうしてもクリックしてしまう。いつの間にか、練習せずに、懐かしいバンドの動画を見ることになってしまっている。

インターネットの課金ゲームやスマホのアプリは、いかに見続けてくれるかの戦いになっている。そのぶん広告を見せることができるからだ。こういったものが時間を奪ってこようとしていることに意識的になってもいい。

POINT

気をつけよう。独り身の財布《ぼくら》が狙われている！

20

敵に塩を送る消費は悪い消費

おしゃれなショップで服を買わない理由

僕は経営者やデザイナーが前面に出ているショップやブランドで服を買わない。中でも、その経営者が有名な女優や美人なモデルと付き合っていたら絶対に買わない。

別にそこのショップが嫌いだとか、コスパが悪いとかの理由ではない。僕がそこでたくさん服を買う。当然その会社の売り上げが上がる。そうすると、その社長が、かわいい女優やモデルと、ますますラブラブになる。場合によっては、一緒に月旅行に行ってしまうかもしれない……。

「普通に考えて、羨まし過ぎる。僕は、結婚には興味はないがかわいい子とはキスをしたいから、単純に嫉妬する。僕の買う分なんて、ちっぽけなものに違いないが、それでもその社長がさらにイケてる人になるためのお金を払いたくない。

……こう文字に起こしてみると、なんて心が狭いのだろうかと自分でも思う。

しかし、これは僕のお金を使ううえでの哲学・ルールともいえる。

僕がＭａｃを買わないのもまったく同じだ。僕が払ったお金で、イケてるＡｐｐｌｅの社員たちがさらにモテて、それでもって僕が嫉妬や惨めな気持ちを抱えるのだとしたら、**自分にとって悪い出費**に他ならない。ただでさえモテているやつらをさらに喜ばせる真似はしたくない。

20

歌舞伎町で垣間見たダイレクトなお金の動き

僕はお金を払うことに関して経営者だけでなく販売員もよく見ている。バイトの女とイチャイチャしている店長がいるような店では絶対に買わない。「こいつの利益に貢献するのは嫌だ」と思ったら、安くてもそこでは買わない。同じ服を買うなら、多少高くても、冴えないおっさんがやっている洋服屋さんにお金を払いたい。僕の味方はこっちなのだ。

こういうふうに考えるようになったのは、芸人として売れる前にホストをやっていた頃の経験からだ。ホストとしての僕は、全然指名をもらえず、朝方になると気分がむしゃくしゃして、よくヘルスに行っていた。では、そのヘルス嬢たちが、どこでストレス発散をしていたかといえば、僕の勤めていたホストクラブに来て、人気ホストを指名していたのだ。

つまり、僕が払ったお金は、ヘルス嬢を介して、僕よりモテていたライバルのホストに流れていたのだ。結局、僕はそのホストにお金を払っているような気持ちになり、気分がむしゃくしゃしてまたヘルスに行く。僕にとっては悪循環である。

歌舞伎町ではダイレクトにお金の動きが見えた。モテるやつに金が集まるのだ。以来、この悪循環には貢献したくないと思い、「敵に塩を送っている消費になっていないか」を僕は気にするようになった。何も僕に従うことはないが、**「これにはお金を使ってもいい。これにはお金を使わない」というお金に関する哲学・ルールを持つことは、節約するうえで効果を発揮するはずだ。**

サブスクリプションの整理をする

また、お金を使うことに慎重になると、自分の身の回りにいろんな無駄があることに気づく。洗濯物置き場と化した高級ソファや、料金の高い大手キャリアの携帯電話など、無駄がないか気になってくる。

　料金を支払うことで一定期間サービスを受けられる**サブスクリプションや月額定額制**も無駄遣いになりやすい。これらによって、有料チャンネルや皆で使い合うワークスペースなど、比較的安い料金で利用できるものが増えている。ただし、安いといわれても注意が必要だ。継続課金にしているのは、そのほうが儲かるからに他ならない。その儲けを支えているのは、料金を払ったはいいが、相応のサービスを受けずにほったらかしにしている会員たちだ。つまり、**無駄遣いによって成り立つビジネス**だともいえる。

　いい例が月額制のジム。入ったもののほとんど行かない会員は無駄遣いなわけだが、そういう人がいて初めてジムは成り立つ。もし会員が皆毎日夜7時に来たら、ランニングマシーンや筋トレマシーンが足りなくなる。毎日通う人は少数なのだ。ひと月に1回しか来ない会員は、ジムからすればありがたい存在である。それはとりもなおさず、無駄遣いをしていることを意味している。このような無駄遣いを整理していくだけでも、独り身の老後を支えるお金は貯まっていく。

POINT

何に使い、何に使わないのか。お金に関する哲学を持とう

21

お金がすべてじゃないことを知るためにお金を貯める

とりあえず100万円貯める努力をしよう

売れる前は、僕はお金がすべてだと思っていた。お金があれば欲しいすべてが手に入り、きれいな女優とも付き合えて、幸せになれる、と思っていた。でも、すごく稼いだときもあったが、手に入れたものは無駄なものばかりだったし、女優とも付き合えなかった。お金がすべてではないと、今ならわかる。

でも、**お金のない人に「お金がすべてではない」といってみても仕方がない。僕がそうだったように、お金がない人にとってはお金がすべてなのだ。**

だから、どんな人でも貯金をしていくことを勧める。たとえば、年収300万円以下でも、ひとり者ならば、家族を養うお金や教育費はいらないわけだから、そのぶんを貯金する。安いアパートに住んで、1年で100万円貯めてみる生活をすれば、5年間続けたら500万円だ。そして**お金が貯まれば、気持ちに余裕が出てきて、お金がすべてじゃないな、と気づくはずだ。**

21

田舎への移住も考える

お金を貯める方法は2つある。たくさん稼ぐか、もしくは使わないか。たくさん稼ぐことのできない人でも、使わないことで貯めることができる。年収300万円以下でも、年間で50万円以上の貯金をする人は結構いる。そのためには、無駄を抑えて、お金を大切に使う必要がある。

なるべく消費をせずに暮らすには、働く環境が確保できれば、地方に行くのも手だ。東京は家賃がバカ高い。あるサイトで調べると、同じ築20年以内のワンルームの家賃が、人気の港区だと11・7万円もするし、少し外れの足立区でも5・6万円する。一方、群馬県の高崎だと3・8万円。港区とは8万円近くも差があるわけで、手取りが20万円だとしたら、港区なら家賃を抜いたら10万円も残らないが、高崎だったら16万円以上も残る。

東京よりも地方のほうが給料や時給が低いことも含めて、手取りが多少低くなる程度で済むのならば、地方に住むほうがお金を貯めやすい。

東京でボロ家に住んでいて惨めな思いをしているなら、地方に行って少しだけマシな家に住むのもいい。福岡に行ったら、東京の１Ｋの部屋と同じお金で２ＬＤＫに住めるし、駐車場もあって車も持てる。

しかも地方に行けば、浪費を誘惑する場所も少なくなる。僕はテレビに出なくなってから、都心から離れた神奈川県の多摩川沿いの一軒家に住んだことがあるが、仕事がないときは川で釣りをして過ごすなど、快適に暮らせた。地方は、職さえ得られたら、移住も考えたい。

いかにお金を使わないかは、節約というよりもエンタメ

キャンプ道具を買う際には、有名ブランドの高いものを買う以外に自分のカラーを出すという喜びもある。たとえば、調理器具や食器として使うシェラカップというものは普通にブランドのものを買うと２０００円くらいする。一方、僕が使うのは、韓国で見つけたマッコリコップで約１００円。安さに加えて、自分のオリジナルを追求したのでとても気に入っている。

21

いかに安いもので代用していくか……。これは節約というよりも、エンタテインメントなのだ。キャンプで使うテントもそうで、高いテントを買うという方向性じゃなくて、安いテントでいかに高いテントに太刀打ちできるかと苦心する過程のほうが楽しめる。ブルーシートで簡易テントを自作できれば、キャンプを何倍も楽しめるだろう。皆、いい道具を使うということにこだわるが、楽しむポイントをお金を使うことからずらすのだ。

最近、キャンプについてインタビューを受ける際、「何を買えばいいですか？」と聞かれることが多い。自分なりの答えをいうことはできるが、そこを悩むことこそ大きな楽しみじゃないかと思うから、僕はできれば教えたくない。「１００均ショップでそろえたものだけでキャンプできるか」などを追求したら、絶対に面白いのだ。

ネット広告の宣伝文句に踊らされて、いい物、高い物を買うことはたやすい。でも、無駄遣いになりやすいし、創意工夫の楽しみもない。お金をどうやって使うかにこだわる心は、無駄遣いをやめ、お金を大事にして貯めるからこそ生まれる。そうすることで見えてくるのは、お金じゃない世界なのかなとも思う。

POINT

お金を大事にすることで見えてくるのはお金じゃない世界

CHECK!

- [ ] お金があると典型的な浪費家になる人が多く、一度高めた生活レベルを下げるのは容易ではないので注意しよう
- [ ] 「家族に看取ってもらいたい」というのは無責任な話。お金で解決できる「極上の死に方」を考えよう
- [ ] 「おひとりさまマーケット」にカモにされないよう注意しよう
- [ ] お金を使ううえでの哲学・ルールを持つと、節約するうえでも効果的
- [ ] お金を貯めると、お金がすべてじゃないことがわかる

[第4章]

人生がときめく、ひとりぼっちの暇潰し

22

まずはお金のかからない趣味を始めよう

大人はすぐにコレクターになってしまう

趣味というと、大人はコレクターになりやすい。レコードや切手など、ハマった人には魅惑的に思える品物は際限なくある。ただ、それなりにお金がある人はいいけれど、そうでなければお金が足りなくなって自滅する。

ドライブが趣味なら要注意だ。最初は車を走らせ、いろいろなところに行くことが楽しいが、車の内装に凝り出すと、一気にお金が消えていく。ハンドル（ステアリング）を純正のものから気に入ったものに換えるだけで数万円かかったり、乗り心地が違うからとシートを数十万円かけてまるごと換えたりするのだ。気がつけば、ドライブではなく、車のカスタマイズが趣味になっている。

コレクションやカスタマイズは突きつめれば、お金を使うことが趣味になる。悪いことだとは思わないが、趣味にするにしては、負担が大きい。

僕はバンドでベースをやっているが、楽器コレクターになる人がいる。楽器そのものだけでなく、ピックアップ（音を拾うマイク）を換えたり弦を換えたりといったカスタマイズに凝ることもできれば、演奏する際に音に変化を持たせるエフェクターという機械を収集する楽しみもある。ただ、やはりこれらは金銭的負担が大きく、老後をひとりで暮らしていくお金の不安を抱えないためには、極力回避したい。

22

非課金でどこまで楽しめるか?

際限なくお金を使う連鎖を断ち切ろう。

たとえばスマホゲームでも「非課金でどこまで楽しむか」という楽しみ方がある。老若男女がプレイする位置情報ゲームアプリ『ポケモンGO』を無料で楽しむ場合は、街に点在する「ポケストップ」に行ってモンスターをゲットする道具を手に入れたり、レアなモンスターが大量発生しているポイントに行ったりと、課金するよりも手間がかかる。ただ、**仕事ではなく、趣味なわけだから、こういう手間をかけることにこそ、面白さがある**だろう。

僕はベース演奏もしているといったが、使っているのはグラスルーツという初心者向けのブランドのものだ。16〜17年前に中古で3万円ぐらいで買ったもので、プレミアもついていないから、今なら中古楽器屋さんで数千円ぐらいで買えるだろう。ライブに出ると、別のバンドの人から「それじゃ音出ないだろ」と鼻で笑われる。しかし、こういう**初心者ベースでいかにお客を盛り上げられるかにこだわる楽しみ**がある。「グラスルーツでもここまで盛り上がる音を出せる！」という勝負をしたいのだ。これはこれで、高い楽器を持って、高い演奏力で勝負するのとは別次元で楽しい。

子どもの頃はお金をかけずに楽しめていたはず

どんな人でも、中高生ぐらいまでは、なるべくお金をかけずに楽しめることをやっていたはずだ。そのため昔やっていたことを思い出すとお金のかからない趣味が見つかる。

趣味としてコストパフォーマンスが高いものの代表が**創作活動**だ。創作活動は、創作の工程を楽しむものであり、コレクターのように何かを買ったり集めたりし

22

て楽しむものではない。初めに少しお金を出してしまえば、基本的にその後はお金がかからない。たとえば、鉛筆で絵を描くこと。近くにある大きな公園で1枚の絵を完成させようと思えば、1日時間を潰せるだろう。他にも、俳句などの渋い創作もあるし、昨今だと専用のナイフでフルーツに繊細な彫刻を施すフルーツカービングといったおしゃれな創作もある。

また、**スポーツ**もコスパは高い。スポーツはそもそも自分の体を使って楽しむものだから、やはりコレクター的楽しみではない。ジョギングやウォーキングといった公道で楽しめるものから、フットサル、卓球、バスケットボールなど、公園や数百円で使える専門施設で楽しめるものがある。２０２０年の東京オリンピックの新競技に選ばれたボルダリング（スポーツクライミング）はカラフルな石ころにつかまりながら壁を登っていくスポーツだが、これも公園に壁が設置されたり、街中に安価で通えるジムがあったりする。

創作もスポーツも、やり続けるとレベルアップしていく点も面白い。「最近ひとりで無意味に時間を潰しているな」と思ったら、ぜひトライしてみたい。

POINT

学生時代を掘り起こすとコスパのいい趣味を見つけられる

23

ひとりで始められ ひとりでやめられる 趣味を探す

誰かに依存する趣味は続かない

なかなか趣味を見つけられないでいると、誰かに「一緒にやろう」などといわれて、趣味を始めることがある。

でも、**誰かと一緒になって始める趣味は、なかなか続かないものだ。なぜなら、自分ではない誰かの意思に左右されてしまうから。**自分の思う通りにならないうえに他人や集団に自分を合わせなくてはならない可能性が大きく、結局しんどくなって、やめてしまう。

しかも、こういう複数で行なう趣味は、やめることも難しくなる。「もう飽きたな」と思っても、自分の意思だけではなかなかやめにくい。

もちろん、中には他人の主張に合わせることを好む人もいるだろう。でも、ひとりで長らく暮らしている人は、ひとりでいるほうが合っているともいえるのだ。それにひとりのほうが自分の思い通りになるし、僕のような人見知りは、ただでさえ相手に合わせることに四苦八苦する。だったら、趣味はひとりで始められるもののほうがいい。

23 グループでキャンプをすることの苦痛

僕が今キャンプを続けられているのも、グループではなくソロで行なうキャンプだからだ。ひとりでキャンプをするのは大変だと思うかもしれないが、ソロキャンプのいいところは、他人に合わせなくてもいい点だ。

これがみんなでやるとなると、苦痛も増える。行く日や集合時間、それに誰が何を持っていくかの分担を事前に細かく決めなければならない。いろいろと他人の都合による食い違いが起こる。しかも、なんか行きたくないな、と気分が変わっても、行かなくてはならないことになる。

キャンプ場に着いたら着いたで、火を起こすことひとつとっても、自分の思うようにはできないし、食材を切らなければいけなかったりする。本当ならカップヌードルで済ましたいと思っていても、「バーベキューにしないと」などといわれ、大がかりになってしまう。

僕も以前はそういうグループキャンプをやっていたが、自分の求めるものと違うと思ってやめた。僕はキャンプ場に行くと、テントを設営した直後に眠くなることがある。でも、グループで行ったら、「もう寝ちゃうの？」といわれる。ひとりでやると、やりたくないことは何もやらなくていい。僕はゆっくり寝たいし、火は時間をかけてでも火打ち石でゆっくりと起こしたい。グループではわがままになってしまうそういうことが、ソロキャンプでは自由に思う存分できる。**自分の時間を丁寧に過ごすことができる**わけだ。

一緒にやるなら、ひとりで始めたもの同士で

第2章でもいったように、大切なのは周囲に依存するのでなく、ひとりでいることをもっと肯定的に捉えることだ。趣味は孤独に行なうべきだとは思わないが、他人とつるむために趣味を始めることはお勧めしない。**ひとりで趣味を始めた者同士の交流、つまり同好の仲間を持つことはあり**だと思う。

ソロキャンプを始めた僕も、今は「焚火会」というソロキャンパー同士の集い

23

に加わっている。メンバーは2019年9月現在で9人。ただし、キャンプに来るのは2〜3人だ。全員がソロキャンプをやっている者だから、日程が合う者が勝手に集まるスタンスである。テントも食事も各自で用意することになっており、煩わしさがない。それぞれが独立しているからこそ続けられる。

こんなふうに、ひとりで思う存分楽しめる者同士で仲間の輪を作ってみるのは面白い。たとえば、バイクで走るのが趣味の者同士が意気投合し、グループツーリングに行くとする。これなら、どちらかがやめたとしても、ソロツーリングを続ければいい。皇居ランをする人もいるが、そこで出会った人とたまには一緒に走るのも楽しいだろう。他人に依存をしない者同士なら、趣味は続くはずだ。

最近では卓球、バドミントンなどはもとより、フットサルやバレーボールといった激しめのスポーツや、インディアカ、フェンシングなどの珍しいスポーツでも、個人の利用者向けに公共の体育館が開放されている。こうした施設に行ってみて、ひとりで始めてみる手もある。

POINT

ソロとは、自由である

24

眠れない夜は ノートに書きなぐる

行動に移すとすぐに朝が来る

ひとりでいると夜眠れなくなることがある。眠れない夜は、変な自分や攻撃的な自分が顔を出してくる。**ひとりで暇になったときに、たいていは余計なことを考えてしまうのだ。**健全な眠れない夜の過ごし方を持っている必要がある。

僕は夜、気を紛らわすために、考えるのではなく、行動に移していた。動くことは不安やストレスを解消するのに何かと効果的なのだ。

たとえばナンパ。深夜3時ぐらいまで起きていて、暇でひとりでいることが寂しくなる。すると、アパートに近かった沼袋の商店街に繰り出してナンパを試みていたのだ。もちろん誰もいない。山崎まさよしの歌みたいに誰かいないかな？とかわいい女の子が木陰にいないか探していた。もちろん、そんなところにいるはずはない。そんなことをしていたら途中から『ポケモンGO』でモンスターを集めている感覚になるだろう。もはやナンパとはいえない。そうして、探し疲れた頃に、日が昇って夜が終わる。明け方に出勤してくるお姉さんたちにとりあえず声をかけ、当たり前のように無視される。僕は疲れた体を休めるために、家に帰って泥のように眠る。

頭の中で考えていると、どんどん妄想が膨らんでいって、処理できなくなる。しかし、行動に移すと悶々《もんもん》とした思いや寂しさはなくなるのだ。

24

ノートに妄想を書きなぐる

行動を起こすことのひとつとして、**ノートにいろいろなことを綴ったりもしていた**。深夜にひとりで過ごしているのが虚しくなったときは、自分がやりたいことをノートに書き出す。「売れたらやりたいこと」とタイトルを記して「自分のラジオ番組を持つ」とか「美人な女優とお近づきになる」とか、「売れなくなったらどうすればいいか」とタイトルを記して、「マッサージ屋さんを開店する」とか「田舎に移住する」とか、思いついたことをどんどんメモしていくのだ。

これらは妄想には違いないが、ノートに書き出すと具体的なやり方が見えてくる。いかに実現していくかを書き連ねていくことはとても有効的だし、面白い。

たとえば、「マッサージ屋さんを開店する」は、僕が実際に書いたものだ。店名は「齊藤堂」。コンセプトは「女性専用、出張足つぼリラクゼーション」というものだ。女性専用としたのは、女の人の足をタダで触れると思ったからだ。

料金も記さなければならない。すると、街中にあるマッサージ屋さんの料金を調べて参考にし、それをノートに書いた。足湯の道具はどうしようかと思い、とりあえずドン・キホーテで足湯に使う桶を探して、それを当時乗っていたバイクの後ろに積んでいけば、たいした元手もいらずに始められる、とメモした。女性の部屋に入ったら、すぐにお香を焚かせてもらわねばならないと思った。なぜなら、素人の男が来ているのだから、マッサージ屋さんっぽい雰囲気をふんだんに出さないと怪しいからだ。そんなふうに思って、お香必要、ともノートに書き加えた。

さらに、ポスティングするチラシのデザインもノートに書いた。白黒のコピーでは怪しまれるから、カラーにして、きれいに印刷してくれる業者を探さないといけない、とか、女性にウケるようにかわいいデザインのチラシにする、といった注意事項まで書いた。

24

SNSよりノートのほうがいい理由

こんなふうに、実際にやるわけではないが、妄想を具体的に書いていく。しかも、頭に浮かんだことを書き出すだけでなく、街のマッサージ屋さんの看板を見に行く、ドンキで使えそうな商品を探すといった**野外活動**も欠かさなかった。

今の世の中、眠れない夜に自宅でネットサーフィンだけをしている人も多い。でも、そうやって同じ環境でインプットばかりする時間で夜を埋めると、途中で成功者やイケメンなどの嫉妬する情報を見てしまい、余計なストレスを抱える。やはり行動を起こすことや、外に飛び出して環境を変えることが大事だと思う。

もしインターネットを使いたいなら、ノートに書き出す代わりに、SNSやブログで事業プランを書いたりすればいい。ただ、**ネットにアップすると、誰も見てくれない、とか、「いいね！」が押されない、というストレスを抱える人もいる。**ネットと遮断されたノートはそういう意味で効果的だが、SNSやブログを使う場合も、あくまでメモ代わりと割り切ったほうがいいだろう。

POINT

夜に変な自分を出さないためには行動が必要だ

25

光が差す趣味との出会いは傍にある

無職の通り魔事件への提言

人生には暇な時間も必要だ。しかし、この暇を持て余してしまうとろくなことにならない。周囲の人間や社会に急に頭に来たりして、ネガティブなことばかり考える。挙句の果てに、脳内が暴走し「あいつさえいなくなればいい！」「こんな社会がクソなんだ！」と周囲や社会に復讐しようと考え、著名人にクソリプを飛ばしたり、暴力的な電凸をしたりと、憂さ晴らしにしかならない非建設的な行動を起こす。そして、そのごく一部が、実際に犯罪まで起こしてしまう。

昨今の通り魔事件のニュースを見ていると、犯人が独身の男であることが少なくない。これも、彼らの立場が社会的にどうのこうのいう以前に、**あり余る暇な時間を上手に潰すことができなかったんじゃないか**とさえ思うことがある。というのも、ひとりだと会話をする人が目の前にいない。だから暇を持て余して、ネガティブな思いを募らせてしまいがちなのだ。

しかし、その暇を健全に潰せる対象さえ見つけられれば、仕事がなくなろうが、家族や友人がいなかろうが、わりとなんとかなってしまう。

25

ハマれるものに出会えたから、ひとりでも〝ヤバく〟ならなかった

僕の場合がそうだ。僕は「一発屋」といわれることが嫌で、スケジュールを仕事で埋める傾向があった。仕事がなくなること、誰からも注目されない忘れ去られた人になることが長らく不安だったからだ。

しかし、**今は仕事が多少なくなること、誰からも注目されない人になることは怖くない。なぜならば、暇ができれば、ひとりで数日間、キャンプをしに行けばいいからだ。**最近は、旅番組に出演している経験から、外国に貧乏旅行をしに行くのも悪くないな、とも思っている。

世の中は、家に帰ったら勝手にクーラーがつくような世界になりつつある。こういう社会になるとますますやることがなくなって、暇な時間が増えてくる。だから、暇な時間をどのように過ごすのかを考えないと、生きにくい世の中になってくる。

結婚や子育てもある意味「暇潰し」？

僕は結婚していないし、友達もいない。男女両者からモテることもなく、げんに今も恋人もおらず、ずっとひとりぼっちの生活だ。だから、僕だって、危ない方向に行っても不思議はなかった。しかも、僕がお笑いを始めたのには「俺は将来お笑い芸人になって、あんたたちよりもいいものを食って、見返してやる！」という思いがあったわけで、この思考は若干危険な香りがする。世界なんか滅んじゃえばいいのに、と日々思っていたこともあり、そういう意味でいえば、犯罪に走る芽みたいなものは、僕の中にもあったとも思う。

しかし、なんとかお縄にならずに済んできた原因をこの章では改めて2つ挙げたいと思う。

ひとつは**「見返してやる！」と思えるほどの対象を見つけられたこと**。その意味では親に感謝している。お笑いに出会えたのも、親が『オレたちひょうきん族』なり『8時だョ！　全員集合』を見せてくれたからなのであって、もしこれが教

25

育ママとかで「テレビは見せません！」とかいわれていたらと思うと、今の自分はどうなっていたのか。考えるだけで、ぞっとする。

もし、今の僕に何ひとつハマれるものがなかったとしたら、結婚していないことや友達がいないこと、つまりひとりで生きていることに悩んだかもしれない。ハマれるものがあることで、「俺にはコレがあるからひとりでも絶望せずに生きていける」と思えるようになり、精神的にラクになった。

これは、家族がいる人たちが「妻（夫）や子どもがいるから怖くない」と思うのと同じなのかもしれない。結婚して、子育てをしている人で、暇で仕方がないという人にはまずお目にかかれない。子育てはそれだけでめちゃくちゃ手間も時間も取られるから、暇な時間はほとんどないのだ。裏を返すと、忙し過ぎて悩むことはあっても、暇過ぎて意味のない不健全な悩みを抱えてしまうことは起こりにくいだろう。

結婚生活や子育てをしている人には、暇潰しを探す余裕もない。**僕ら独り身は、この結婚生活や子育てといったものの代わりとなる暇潰しを手に入れなければならないのだと思う。**

POINT

暇な時間を健全に潰す方法を身につけよう

26

たくさんのタネを同時に蒔くことが重要

いろいろなことに手を出そう

ハマれるものを探すことを大げさに捉えている人がいる。他人の評価だとか、何か目に見える成果が出ることがあらかじめ計算できないと、なかなか始められない、といったふうにだ。僕が勧めたいのは、成果が出るかどうかなんて考えずに、まずいろいろなものに同時に手を出してみることだ。

今の僕は、ソロキャンプをやり、それをＹｏｕＴｕｂｅで紹介することが生活の中心になっているが、ソロキャンプもＹｏｕＴｕｂｅも、たくさんやり始めたことの中で芽が出てきたひとつに過ぎない。テレビに出なくなってから、僕は実にいろいろなことに手を出した。のんびり旅行に行ったり、釣りにハマったり、ガーデニングを始めたり。英会話やライブにも手を出した。思いつきでやってみたいことをやっただけだ。ＹｏｕＴｕｂｅは、その中でたまたま芽が出ただけで、始めたときは成果なんて考えていなかった。たくさん蒔いたタネのひとつに過ぎなかった。

26

タネは複数のものを同時に蒔く

タネ蒔きをやるうえで大切なことは、気軽な気持ちでやり、かつ同時にたくさん蒔くことだ。何が自分にとって本当にハマれるものなのかを見極めるために、たくさんのものを試してみる。あれこれと結果を考えるのは始めた後にすることにして、何も考えていないぐらいがちょうどいい。

「ＹｏｕＴｕｂｅを始めるなら、このビデオカメラを買わなければいけない」なんて構えずに、持っているスマホのカメラでとりあえず始めるのが正解だ。

たとえば、僕の事務所には長らく僕ひとりしか所属していなかったのだが、2017年9月にベアーズ島田キャンプという野外料理研究家兼ソロキャンパーが加わった。彼はもともと、コンビ芸人をやっていたのだが、芽が出ないといってすっぱりやめて、サラリーマンに転職し、これがけっこううまくいっていた。しかし、彼のキャンプ愛は尋常ではなかったので、僕は「会社員をやりながらでいいからキャンプのＹｏｕＴｕｂｅも趣味でやってみたら？」と勧めたところ、すぐに始めた。その動画がキャンパーから支持され、今は野外料理研究家兼ソロキャンパーとして活躍している。彼は即断即決でなんでも気軽に始めるのだが、このようになんでもチャンスがあったら飛び込む姿勢がいい。仕事やアルバイトにそれなりに追われて、やるのに十分だと思える時間がないとしても、毎日家に帰ってから1時間ずつやるとか、やりようはいくらでもある。

中には、周囲から馬鹿にされることを気にする人もいる。そう思うあまり何も始めないようではダメだ。そんな人は、始めたことを誰にもいわずにそっと始めればいい。そして、ある程度形になってから、「最近趣味で俳句を始めてさ」と周りに明かせばいい。

ひとつに固執することの危うさ

僕は、このたくさんのタネを同時に蒔くという発想そのものが、僕がお縄にならずに済んできた理由のひとつだと思っている。

というのも、ひとつのことに固執してしまうと、それが自分に合っていなければ

26

ばどうしようもなくなるからだ。しかも、ひとつのタネしか蒔かないと、他と比較できないため、それが自分に合っているかどうかもわからない。つまり、たくさんのタネを同時に蒔くということは、自分の前に複数の道を作ることでもあるのだ。すると、たいして興味がなく始めたものの面白さを発見することもある。

たとえば、第2章で、僕は「ヒロシです。」のネタで芽が出なければ、あと1年でお笑いをやめていたかもしれないことに言及した。もしその際、「どうしてもお笑いで成功してやるんだ！」と固執していたら、芸人をやめた僕は自分の人生を否定せねばならなくなる。これでは精神的に病んでしまい、危ない方向に行ってしまったかもしれない。

しかし、そんなつまずきを、蒔いたタネのひとつがたまたま芽が出なかっただけと捉えれば、別のことに気軽に取り組める。僕もそんな発想だったから、ソロキャンプを見つけられたし、その専門ＹｏｕＴｕｂｅｒにもなれたわけだ。

慎重になって、行動しないよりも、タネを同時にたくさん蒔く。そして、これはハマれるな、という芽が出たものだけを育てていくことをお勧めしたい。

POINT

何が向いているか 何が上手くいくかは やってみなければ わからない

27

ソロキャンプがお勧めといえるこれだけの理由

目の前に没頭できる

では、今の僕にとってひとりで暇を潰す最大の趣味であるソロキャンプの魅力を紹介したい。

ソロキャンプの魅力のひとつは、**目の前のことに没頭できる**点だ。生活のすべてを大地でやる。そうすると時間があっという間に過ぎる。ひとつひとつの工程が普段よりも面倒なことだらけなのだ。火を起こすのにも、コンロがあれば、つまみをひねるだけだが、火打ち石で起こすとなると、そうはいかない。そんな面倒な工程をあえてやることが楽しいのだ。

グループではなくて、ソロだから、人間関係の煩わしさがない反面、やることが多い。でも、キャンプの工程を楽しむ人にはそのほうが楽しい。それに、グループだと、誰かが彼女を連れてきたりしたら、ひとりでいることの惨めさを感じてしまう。その点、ソロだと、他人と比べることなくキャンプに没頭することができる。

日常から離れ、仕事のことを忘れられるのもいい。ひとりで家にいると、僕は「仕事が減ってきたな」とか余計なことを考えてしまうし、インターネットからは「芸人の誰々が女優の誰々と結婚した」といった余計な情報が入ってくる。キャンプをしているときは、目の前の焚き火にしか気がいかないから、余計なことを考えない。スマホも極力見ないようにしている。

ひとりでキャンプをしていると、女にも気持ちが向かなくなるし、他人の幸せを妬むこともない。

27

土の上で寝ると精神的にも健康になる

精神的にラクに過ごせて、充実感を味わえるのがソロキャンプの魅力のひとつだ。**テントを張って地面に寝ることも、精神的にラクになる効果がある**と思う。

人間は本来、地面で生活するのが当たり前なのかなと僕はキャンプをすることで気づいたりもした。今の僕はマンションに住んでいて、地面とは離れて寝ているわけだが、自然の中で地にテントを張ると、地面にいる安心感が得られる。

テレビによく出ていた頃、重圧に耐えきれず、パニック障害、うつ病になったことがあった。そのときはマンションの18階に住んでいた。タワーマンションに住むと健康を害したり、ストレスが強くなったりするといった「高層階病」にかかることを指摘する声もある。それとの関係はわからないけれど、人間は土から離れたらダメなのかな、という思いが募ってきてもいる。土の上で寝ていると、ふかふかのベッドでなくても、精神的に健康になった実感が持てるのだ。

自然の中にいると体がリセットされて細胞が活性化される

ソロキャンプをしていると体調もよくなる。僕の場合、少し風邪気味であっても、山に行くとたいてい治る。たぶん夢中になっているうちに具合がよくなるというのもあるのだろうが、自然に身を置くことでパワーをもらえるんじゃないかなとも思う。山に行くと、「これが家電とかで謳《うた》われているマイナスイオンなのかな」と思ったりする。

キャンプをすると、急に昔の生活に戻る。インターネットや便利なものが溢れ

27

る現代の生活と、キャンプの生活では落差が激しい。たまにそういう**便利な環境を手放し、不便な環境に行くと、人間が昔から持っていた細胞が活性化する**みたいなことが起こっているのかもしれないとも思う。僕は仕事で悩みを抱えていると肩こりが出るのだけど、それもキャンプに行くと改善するのだ。

1日のサイクルも都会にいるときとはまるで違う。もう夜中の11時になっていると思ったら、まだ7時、8時だったりして、夜が更けるのが遅い。室内にいるとあまり意識しないが、日が暮れる過程を肌身で感じられる。冬にキャンプをやるとものすごく寒いのだが、朝になって太陽が出てくると、じわっと暖かくなってくる感覚を味わえ、太陽のありがたみも感じる。

人間は、文明が発達していなかった頃は、そういうサイクルで生きてきたわけだ。今は電気があるから朝5時まで起きていることもザラだが、人間のサイクルは本来決まっているんじゃないかと思ったりもする。そんな**自然の摂理に合わせることも含めて、自分がリセットされる魅力がソロキャンプにはある。**もしひとりで健全に時間を潰せるものが見つかっていなければ、とてもお勧めだ。ぜひ一緒に……いや、そこはひとりで勝手にやっていただきたい。

POINT

目の前のことに没頭し自分をリセットするためにソロキャンプをやる

28

最終的には無人島で野垂れ死にするのもいい

多摩川ホームレスへの憧れ

テレビに出なくなった頃、僕は神奈川県の多摩川の近くに住んでいたことがある。暇になったので、多摩川の河川敷を散歩したり釣りをしたりしていた。そんなとき、河川敷で暮らしているホームレスたちの生活ぶりをよく眺めていた。

多摩川にはホームレスの人が多く、ブルーシートをかぶせた掘っ立て小屋がたくさん建っていた。掘っ立て小屋の横には、小さな畑もあり、彼らはそこで野菜を育てていたのだ。釣り糸を垂らして釣りをしている人までいる。僕はその人たちの様子を見て、心が惹かれてしまったことを覚えている。

ホームレスというと、駅の構内で段ボールにくるまっている人たちを想像していたのだが、多摩川のホームレスは住む小屋もあって、傍《はた》から見る限りでは、悲惨さは感じられなかった。テレビ局のいわれた通りに本意ではないネタをさせられるのに耐えきれず、僕はストレスを抱えてドロップアウトしてしまったわけだが、そんな僕よりも彼らの生活のほうが健全だと思えた。

もちろん、本当のところはわからない。しかし、都心に暮らして、心を壊してしまった僕には、多摩川の自然の中で暮らす彼らが羨ましくも思えた。

28

本当のサバイバル力とは

路上生活は、日々アウトドアだ。家で生活することに比べたらトイレや水道が不便であることはいうまでもない。いろいろな苦労があるだろうけれど、毎日やりたくもない仕事でこき使われて神経をすり減らすのと、どちらが大変なのだろうか。ストレスが溜まって爆発しそうになるほど働かなければ家のある生活が維持できないのだとしたら、いっそのこと、そんな生活とおさらばして、ホームレスの苦労を買って出るほうが楽しく生きていける。そう思ったのだ。

僕はとんでもなく困ったときやどうしようもなく迷ったとき、ある法則に則《のっと》って、物事を決めている。それは、**無理をしない**ということだ。社会人なので、無理をしなければならない場面は出てくるわけだが、苦しくなったら「この無理をしなかったら最悪どうなるのか？」という状況を想像し、天秤にかける。そして

「それでも構わない」と思えば、その無理を放棄する。

僕がこれを初めて使ったのは、会社を辞めて芸人を目指したとき。僕は当時、保険営業マンをしていた。知らない人に電話をかけ、営業するという業務がとてもストレスとなり、毎日どんよりした気持ちで会社に通っていた。

ではこの向いていない保険営業を続けるという無理をせず、芸人を目指してしまったら最悪どうなるのか。それは、全然売れず、収入がゼロになって、ホームレスになることだ。そして当時の状況を続けるより、ホームレスになってしまうほうがいいと思ったため、保険営業を続ける無理を放棄し、芸人を目指した。

僕がいいたいのはもちろんホームレスの勧めということではない。**仕事に満足がいかなくても、お金がなくても、恋人がいなくても、好きなようにやっていける生き方を探してみることが大切だといいたいのだ。そして、耐えきれないものからは、逃げてしまえばいい。僕はこういう発想こそが、本当の意味でのサバイバル力だと思っている。**今、僕がハマっているソロキャンプも、仕事がないときに多摩川に通っていたときの体験が大いに影響している。

28

無人島を買って住むのもいい

もしも、つらい仕事をしていたり、恋人や伴侶もいなかったりすることに悩んでいたら、たとえば田舎でタダでもらえるようなボロい家を自分で改造し、そこに住みながら畑を耕して生活するのも手だ。犬も飼ったら楽しいに違いない。

今、僕が憧れているのは、**無人島を買ってそこを拠点にすること**だ。破格の条件で買える島があったら、そこに移り住み、何から何までひとりでやって生活する。野山で山菜を採って、自分で畑も耕す。足りないものがあったり、都会の誘惑スポットに行きたくなったりすれば、都心にこっそり足を運ぶ。こういう生活ができればいいなと夢見る。夜中に突如胸が苦しくなり、テントから這《は》い出て見上げれば、夜空に星が瞬《またた》いている。そんな中ひとりで天に昇るのも悪くない。

今後の僕はまた仕事がなくなるかもしれないし、完全に世間から忘れ去られるかもしれない。それはわからないけれど、たしかなのは、どのように転んでも、僕は、ひとりぼっちで、それなりに楽しく生きていけるはずだということだ。

POINT

どんな状況でも好きにやっていく生き方を模索するのを忘れない

CHECK!

- 収集やカスタマイズではなく、創作活動やスポーツといった趣味を始めたほうがコスパが高い
- 誰かの意思に依存してしまう趣味は、続けにくいしやめにくい。ひとりでできる趣味を持とう
- 独り身の人は、夫婦生活や子育てに代わる暇潰しを見つけよう
- たくさんのことを同時に始めてみて、ハマったものだけやり続ける
- どんな状況になっても、ひとりで健全に暇を潰して生きていくやり方を探していこう

STAFF

企画・構成補助	中野一気（中野エディット）
企画協力	佐方麻緒（ヒロシ・コーポレーション）
構成協力	麻生晴一郎
カバーデザイン	ツカダデザイン
本文デザイン	下舘洋子（bottomgraphic）
カメラマン	宇佐美雅浩
担当編集	真野はるみ（廣済堂出版）

おわりに

朗報がある。ただ、読者の皆様にではなく、僕自身に。

2019年9月、僕は首都圏のある山林の土地を購入した。面積は約1000坪だから、だいたいサッカー場の半分くらいだ。愛車のジムニーで直接乗りつけることができる利便性に加えて、すぐ傍を川が流れているのが個人的に気に入っている。僕は現在、仕事の合間を縫って、ひとりでその山林を開拓しに通っている。本書で無人島を買う夢に言及したが、一歩近づくことができた。

老い始めた体にはなかなかハードなワークだが、そんなことよりも、高ぶる気持ちが抑えられないことに驚いている。子どもの頃に秘密基地を作って楽しんでいたが、同じような気持ちを、この年齢で感じることができるとは……。

50歳、未婚、彼女なし。さらに一緒に飲みに行くといった友人というべき関係の人もいない。しかも住んでいるマンションも賃貸だから財産といえるものもない（今回買った山林を財産といってよければ、これが初めての財産だ）。

ないないづくしだが、ひとりで生きている僕は、それなりに充実した日々を送れている。それは「毎日が楽しいことばかり」というお花畑なことではない。僕だって、つらいことや悔しいこと、ムカつくことを経験する。しかし、そんなストレスも、ひとりの趣味であるソロキャンプに行ったりすることでリセットし、そしてまた再び始まる日常をそれなりに楽しみながら過ごすことができている。

本書『ひとりで生きていく』は、もうすぐ50歳である独身中年男の僕自身をさらけ出した本だ。そのため、僕のお家芸ともいえる妬み・嫉《そね》みも顔を見せてしまっているし、途中で「おっぱい」なんて単語が出てきてしまっている。だから、本書はけっしてカッコいい本には仕上がっていない。

ただ、「ひとりで生きるのは全然不幸せなことじゃない」「ひとりで生きても当然幸せになれる」という僕の本心を伝えることができたと思っている。そこから何かひとつでもヒントとなることを見つけていただけたのであれば、著者としてこれほど嬉しいことはない。

ひとりで生きていく

2019年11月13日　第1版第1刷
2019年11月25日　第1版第2刷
著　者　ヒロシ
発行者　後藤高志
発行所　株式会社 廣済堂出版
〒101-0052　東京都千代田区神田小川町2-3-13 M&Cビル7F
電話　03-6703-0964（編集）
03-6703-0962（販売）
Fax　03-6703-0963（販売）
振替　00180-0-164137
URL　http://www.kosaido-pub.co.jp

印刷・製本　株式会社廣済堂
ISBN　978-4-331-52262-2 C0095